関西学院大学研究叢書　第142編

ケアワーカーの QWL と その多様性

ギルド理論による実証的研究

Lee Jung Won
李　政元

関西学院大学出版会

ケアワーカーのQWLとその多様性

ギルド理論による実証的研究

はしがき

　人間は多様である。我々は同じ人間として多くの共通点を見いだせるのと同時に，取り囲む環境により定義される集団同士は，場合により生物学的，心理的，そして社会的・文化的に，バイオサイコソーシャル（biopsycho social）に固有な特徴をそれぞれに持つ。その多様性は，集団間にとどまらない。同集団の成員間においてさえ各個人の個性として見いだせる。生活の仕方にはじまり，身の回りで起こる一連の出来事にも異なる意味と価値を見いだす。仕事についても同じことがいえるであろう。同じ仕事をする人間同士でもあっても，その仕事の捉え方は十人十色であろうし，その仕事に求める意味と価値も違って不思議はない。本書で紹介する研究で明らかにしたいのはそんな当たり前のことである。

　本研究は，ソーシャルワーク研究あるいは社会福祉学の立場から，高齢者社会福祉施設で働くケアワーカーの主観的な職業生活に対する評価，「職業生活の質」とも訳される，クォリティー・オブ・ワーキング・ライフ（Quality of Work/ing Life: QWL）の様相を「心の哲学」そして生態学的視点（ecological perspective）を援用し理論的にその記述と実証を試みるものである。

　実践科学としてのソーシャルワークの関心は，人間の安寧と福祉，つまり well-bing への道筋を明らかにすることとその実現であると考える。しかしながら，人間がその身を置く環境や状況はあまりにも多様で，環境刺激に対するアウトプットとしての行動ひとつをとっても一意的な科学的枠組みによってその理解が進むとは考えにくい。よって，ソーシャルワークは，あたかも色とりどりの繊維を組み合わせ一枚の織物にするかのように，その方法論のなかに様々な学問分野の知を織りなし，そして取り入れてきたのであると筆者は考えている。ソーシャルワーク研究は，八方美人なのである。それで良いと筆者は考える。

　本書が取り上げる QWL と職務満足というテーマは一般的に組織行動科学あるいは産業心理学が扱うテーマである。しかし，ソーシャルワーク畑

で研究の伊呂波を学んだ筆者にとって，これまでのQWL研究は決して満足のいくものではなかった。

通常，QWLの測定には研究者があらかじめ用意した尺度（質問項目）を被験者に回答してもらうことによって行われる。そして，統計解析に耐えうる標本数を得たら，各変数のデータが既知の統計分布（多くの場合，正規分布）に従うかを検討し，それが確認されてはじめて変数間の関連が検討され，そのようにして分析された結果は，母集団の特徴として報告されるのである。

筆者のこれら研究方法に対する違和感とは，すなわち，被験者らのQWLという固有の体験としての主観的評価が統計解析によってその個性が埋没し，多様性を浮き彫りにしてこなかったという点である。多様性の抽出は，クラスター分析などの多変量解析によって被験者らを分類すればよいというものでもない。個々の被験者が日々向き合う環境をどのように捉え，それに対峙しているのかを聴くこと。つまり，QWLの内容を彼ら自身に語らせ記述させることで，そのQWLモデルが妥当か否かを検討すべきではなかろうかと考えたのである。

量的研究では多くの場合，ある現象について既存の理論や先行研究の結果から演繹的あるいは帰納的に導き出される仮説を検証することをゴールとしている。しかし，当然といわれればそうだが，仮説の構築プロセスや検証作業に測定対象である被験者は参与できない。量的研究法を採用するQWLや職務満足に関する研究においても，研究対象の従業員はクローズドエンデッド（closed-ended）つまり選択回答形式の質問への回答を強要されるのである。

一方で，質的研究法ではそれぞれの従業員の個人的体験としての職業生活やそれに対する主観的評価を従業員自身に語らせ記述させ，これを記録したデータを研究者が解釈し，その解釈が従業員らにとって言い得て妙であるか同意を得ることもある。質的研究法では，研究対象である従業員の参加が開かれているのである。

量的研究のクローズドエンデッドな閉鎖性を打破する方法を求めて，ソーシャルワークと社会福祉学分野以外の数多の文献に目を通した。その

なかで，生態学，集合論，そして『心の哲学』の3つの異分野が，QWLの多様性の定式化，量的研究における閉鎖性打破の方法，すなわち選択回答形式において従業員に「聴く」方法を示してくれたように思えたのである。具体的な中身については本文をご覧いただくとして，筆者がこうした八方美人的な作業を行うことができたのは，やはり，筆者がソーシャルワーク教育を受けてきたことにほかならない。それは，ソーシャルワークが人間に関心を持つ実践科学であるがゆえに，人間が議論するあらゆる事柄に関心を向けることができたのである。

本書は，2004年に提出した博士学位論文に大幅な加筆・修正を加えてあらためて書き下ろしたものである。さらに，補章には本研究で開発したQWL尺度を中国語と韓国語に翻訳したものを用いて行った国際比較調査の研究も加えさせてもらった。また，学位論文執筆当時なかなか利用が困難であったベイズ統計解析が計算機とソフトウェアの飛躍的発達によって容易に扱えるようになった。その分析結果も新たに追加している。

そのせいか，図表が多くなり読者にはやや読みづらいものになってしまったのではと反省している。そんな本書の編集作業にあたっては，関西学院大学出版会の田中直哉氏，松下道子氏をはじめスタッフの方々には多大な労力を強いてしまった。この場を借りて深く感謝申し上げる。

本書を世に出すには，遅きに失した感は否めないが旧約聖書のコヘレトの言葉3章1節(新共同訳)にあるとおり「何事にも時がある」のだと思う。

目　次

はしがき　3

序章　ケアワーカーのQWL解明の必要性　13

第1部　QWLとその多様性に関する理論的枠組み

第1章　QWLの理論的枠組

第1節　職務満足からQWLへ　19
 1.1　職務満足　20
 1.2　Quality of Work Life　20

第2節　QWLと職務満足の理論　23
 2.1　Maslowの欲求階層説　23
 2.2　Mclleland の欲求理論　25
 2.3　Herzbergの2要因理論　26
 2.4　AlderferのERG理論　26
 2.5　QWLと職務満足の定義　28

第3節　ケアワーカーのQWLと職務満足の測定：先行研究レヴュー　30
 3.1　ケアワーカーの職務満足とQWL　31

第2章　QWLの生態学：ギルド理論の導入

第1節　QWLの生態学：資源利用パターンの観点から　43
 1.1　職場という「環境」　44
 1.2　システムとしてのワーカー　46

| | | 1.3 | パッチ移動としてのワーカーの離職 | 47 |
| | | 1.4 | 客観的環境と主観的環境 | 48 |

第2節　QWLの生態学的多様性：ニッチとギルド　52
 2.1　QWLの多様性の必然性　53
 2.2　ニッチとギルド　55

第3節　ギルド理論　59
 3.1　ギルド理論の基本的枠組み　59
 3.2　ギルド理論の概説　60
 3.3　ギルド理論のQWLへの応用　64
 3.4　ギルド理論とQWL多様性モデルの意義　66

第2部　QWLの多様性の実証的研究

第3章　仮説の特定化と分析方法

第1節　仮説的QWLのモデル　75

第2節　QWLの多様性に関する仮説　77

第3節　研究方法　78
 3.1　標本について　78
 3.2　測定尺度　80

第4節　仮説の分析方法　85
 4.1　QWL尺度の信頼性と妥当性の検証
  ：仮説1の検証について（その1）　85

4.2　全体的職務満足と職場継続意向のモデルの検証
　　　　：仮説 1 の検証について（その 2）　　　　　　　　　　88
　　4.3　ギルドの抽出：仮説 2.1 の検証について　　　　　　　89
　　4.4　QWL の多様性：仮説 2.2 の検証について（その 1）　91

第 4 章　仮説の検証と考察

　第 1 節　QWL 尺度の検証的因子分析の結果：仮説 1 の検証（その 1）　107
　　1.1　1 因子モデルの検証的因子分析の結果　　　　　　　　107
　　1.2　2 次因子モデルの検証的因子分析の結果　　　　　　　108
　　1.3　QWLSCL の基準関連妥当性の検討
　　　　：職務満足，職場継続意向，バーンアウトとの関連　111
　　1.4　QWLSCL の信頼性　　　　　　　　　　　　　　　　113

　第 2 節　職務満足と職場継続意向に関する分析：仮説 1 の検証（その 2）　114
　　2.1　QWL の代替指標としての全体的職務満足について　　114
　　2.2　QWL の代替指標としての職場継続意向について　　　115

　第 3 節　QWL の多様性の検証　　　　　　　　　　　　　　　116
　　3.1　仮説 2.1 の検証　　　　　　　　　　　　　　　　　　116
　　3.2　仮説 2.2 の検証（その 1）　　　　　　　　　　　　　121
　　3.3　仮説 2.2 の検証（その 2）　　　　　　　　　　　　　127

　第 4 節　考察と課題　　　　　　　　　　　　　　　　　　　135
　　4.1　QWLSCL の妥当性と信頼性について
　　　　：仮説 1 の検証（その 1）の結果について　　　　　135
　　4.2　QWL について：仮説 1 の検証（その 2）の結果について　136
　　4.3　QWL の多様性について：仮説 2.1 の検証結果について　137
　　4.4　QWL の多様性について：仮説 2.2 の検証結果について　138
　　4.5　ギルドの数：どこまで倹約的であればよいか　　　　141

第3部　提言の部

第5章　ケアワーカーのより良い人材マネジメントに向けて

第1節　QWLSCLのマネジメントへの利用：実践への示唆	149
1.1　得点の算出法	152
1.2　データ分析と解釈	152
1.3　インフォメーション・シェアリング	156
第2節　多様性と人材マネジメント	158
2.1　人材確保の壁	158
2.2　「介護労働の人間化」をめざして	
：平均的ワーカーからギルドへ，そして，ギルドから個人へ	159
第3節　結び	163

補章　日本・韓国・中国職員の職務満足構造

第1節　はじめに	171
第2節　先行研究	172
第3節　方法	174
3.1　標本について	174
3.2　測定尺度	174
3.3　分析方法	174

第4節　結果 176
　　4.1　因子分析の結果 176
　　4.2　重回帰分析の結果 178

　第5節　考察 181

　第6節　結語 182

謝　辞　187

索　引　189

序　章

ケアワーカーの QWL 解明の必要性

　2025年には要介護高齢者はおよそ702万人に達するといわれている（エイジング総合研究センター 2008）。急激な高齢化を経験している我が国にとって，ケアサービスを提供する特別養護老人ホーム等の高齢者社会福祉施設に対する期待の大きさはいまさら述べるまでもない。増大の一途をたどる介護需要に対応すべく，「在宅介護」と「施設介護」の双方からケアサービスの充実を目指すほかないが，「在宅介護」という選択肢についていえば，日本の厳しい住宅事情や家族の介護機能の脆弱化などを考慮すると決して楽観視できるものではない。このことから，今後とも我が国の介護福祉施策において高齢者社会福祉施設は大きな役割を担うと考えられる。
　さて，高齢者社会福祉施設におけるケアサービスの充実とは単に施設・設備といったハード面の充実にとどまるものではない。利用者本位の視点に立ち，サービスの質といったソフト面からのアプローチも必要不可欠である。特に，介護を提供するケアワーカーの質の向上とその確保は肝要である（なお，本書でいうケアワーカーとは介護職，看護職，そして介護施設において日常的にケア業務をしている働く生活指導員をも含む）。
　なぜなら，ケアサービスの質の良し悪しは，ケアワーカーという媒体を通じて利用者に直に提供されるものであり，ケアワーカーの介護技術が利用者にとって満足いくものであるのか否か，そして，ケアワーカーが適切な態度と姿勢で利用者に臨むことができるかによって左右されるからである。

神部ら（2002）の研究によれば，施設入所高齢者のサービス満足度は，施設職員の態度とサービス内容から最も影響を受けているらしい。このように，ケアサービスの質がケアワーカーの質に大きく左右されるのであれば，高齢者社会福祉施設はケアワーカーの質向上に向けた人材マネジメントを展開する必要がある。ところが，福祉分野における人材マネジメントに関する研究はほとんどなされていないのが現状である。

　組織にとって魅力ある人材の養成と確保をその主たる目的とする人材マネジメントは，これまで組織行動学の恩恵を多いに享受してきた。組織行動学は，例えば，何が労働者の意欲を高め生産性を向上させ，何が労働者の職務満足を高め組織に引き止めうるのかについて具体的な提言を組織に提供してきた長い歴史を持つ。ところがその一方で，ケアワーカーの組織行動に関する研究は，他の領域に比べてはるかに立ち遅れているのが現状である。組織行動学がこれまでに明らかにしてきた労働者のメカニズムはケアワーカーについても言及するといわれれば，我々は部分的には同意できるものの，ケアワーカーの職務内容やケアサービス組織の特殊性を考慮するならば，ケアワーカーの組織行動学が独自に論じられるべきであろうと考える。

　利用者のニーズに四六時中対応することを要求されるケアワークの業務は，身体的・精神的にストレスフルな仕事であるとの共通の認識が存在している。それゆえ，ケアワーカーの組織行動学は職務関連ストレス（job related stress）やストレス反応としてのバーンアウト（burnout）を独立変数として利用して従属変数としての労働意欲の低下，欠勤（absenteeism），離職（turnover），利用者への不適切な態度などケアサービスの質を低下させる組織行動を説明する試みがなされてきた。

　ストレス研究のように，ネガティブな原因によって負の行動を説明しようと試みるベクトルがある一方で，逆方向からのアプローチ，すなわち職務満足やQWLのようにポジティブな側面に焦点をあてて，ケアサービスの質を向上させる職場継続（retention），労働意欲やモラール（vocational commitment or morale）を説明しようとするベクトルも存在している。その方向が正負であろうと両者の目的とするところは，ケアサービスの質

の確保と向上にあり，QC（quality control）戦略と人材マネジメントに有益な知見をもたらしてきたことはいうまでもない。しかしながら，両者の趨勢を比較してみると，ケアワーカーの職務満足やQWL研究は，ケアワーカーのストレス研究のそれに比べその勢いはやや劣っている。

近年，人材マネジメントがQWLアプローチを積極的に採用している現状を考慮すれば，ケアワーカーの組織行動学はもっとポジティブな方向からのアプローチを試みても良いのではなかろうか。次章において詳述するが，QWLの概念には組織にとって有益な生産性や効率を超えて，「労働の人間化」という労働者の職業生活の充実とその支援も含意されている。

以上のような状況を踏まえ，本研究は「ケアワーカーの組織行動学」の構築を目指すべく，「職業生活の質」と訳されるQWLに注目しケアワーカーの組織行動の一部を明らかにしたい。また，本研究を単に研究で終らせるのではなく，高齢者社会福祉施設で働くケアワーカーの人材マネジメントの一助になるような実践的かつ具体的な提言をまとめることを最終的な目標としている。

本論文は3部から構成されている。第1部は2つの章から構成されている。第1章では，QWLと職務満足の理論的枠組みを整理するために理論と先行研究を展望する。理論については，Maslowの欲求階層理論，Mclleland の達成動機理論，Herzbergの2要因理論，そしてAlderferのERG理論をそれぞれ概観している。続いて，内外のケアワーカーのQWLと職務満足の測定を試みている先行研究を展望しQWLを定義している。第2章では，生態学と集合論に依拠しながらQWLの多様性について論じる。QWLはあたかも一意的であるとするこれまでの組織行動学の見解を批判的に検討し，生態学概念のギルドを援用してQWLの多様性仮説を演繹している。

第2部は実証研究の部である。第3章でケアワーカーのQWLとその多様性に関する仮説の特定化とこれら仮説の検証方法について詳しく述べる。第4章では，こうした仮説の検証と分析結果の考察が中心である。

第3部（第5章）では，第4章の実証研究の結果から導かれる実践的な提言を示している。主に本研究で開発したQWL測定尺度の利用と本研究

で明らかにされる多様なケアワーカーのQWLを念頭においた人材マネジメントのあり方について議論している。

なお，巻末には先にQWL測定尺度を用いて中国と韓国で行った調査を補章として加えた。人材不足解消のために海外からケアワーカーを受け入れる事業はすでに始まっており，彼らのQWLの中身と日本人のそれの共通性と異質性を明らかにしていく作業は今後ますます必要となるであろう。

【引用文献】

エイジング総合研究センター（2008）「認知症・要介護高齢者の将来推計」(http://www.jarc.net/?p=294，2010.4.30)。
厚生統計協会（2002）『厚生の指標臨時増刊国民の福祉と動向』(財)厚生統計協会。
神部智司・島村直子・岡田進一（2002）「施設入所者のサービス満足度に関する研究——領域別満足度と総合的満足度の関連」『社会福祉学』43(1)，201-210。

第 1 部　QWL とその多様性に関する理論的枠組み

第1章

QWL の理論的枠組

　QWL と職務満足はそれぞれ従業員の情緒的ウェルビーイングの一概念として理解される。興味深いのは，両者は異なる呼称を持つにもかかわらず，ほぼ同一の概念として捉えられてきた。しかし，両概念の発生の経緯，そして，人材マネジメントにおける両概念が果たしてきた役割はそれぞれ異なっている。今日，QWL は職務満足をも含意する，より包括的な概念であるとする見解が一般的である。このことを確認するために，本章では職務満足と QWL の歴史を若干整理し，続いて両概念の関連理論を紹介する。

第1節　職務満足から QWL へ

　QWL 概念の発展には，職務満足という雛型の存在が大きく関連してきた。職務満足と QWL それぞれの促進の動機は全く異なる。端的にいえば職務満足が生産性の向上を目指したのに対し，QWL は労働を人間の営みに相応しいものへと変えていこうとする評価と改善運動といえる。本節では，職務満足から QWL への変遷を概観しつつ両概念の共通点と相違点を明らかにする。

第 1 部　QWL とその多様性に関する理論的枠組み

1.1　職務満足

「仕事からもたらされる肯定的感情」とか,「仕事について抱く感情」などと定義される職務満足は決して新しくない概念であるにもかかわらず,いまだに一意的な定義が与えられていない。このことは職務満足研究の比較を困難にし,職務満足とはそもそも何であるかを議論するうえで大きな障害となっているのが現状である。

後ほど詳述するが,近年比較的よく用いられる職務満足の測定尺度を概観する限りにおいて,職務満足は,「職務に対する個人の欲求の充足状態」(足立 1982：116)と定義するのが適切であると考えられる。

職務満足に関する研究の始まりは,20 世紀初頭まで遡る (Locke 1983)。なかでも,Taylor(1911) の倦怠感に関する研究,Mayo(1933) の労働者と管理者のコミュニケーションに関する研究,そして,おそらく初めて職務満足 (job satisfaction) という語を使用した Hoppock (1935) の研究は最も代表的なものである (Locke 1983; Williamson 1996)。

以来,職務満足は人材マネジメントにとって重要な組織行動（e.g. 業績,欠勤,離職）に影響を与えているとごく自然（あるいは経験的）に推測され,またこれらの仮説は数多くの実証研究によって支持されてきた (e.g. Smith et al. 1969；小野 1993；Borda and Norman 1997)。

これらの研究成果は,ただちに科学的管理法と密接に結びつき生産性・作業効率の向上に大きく寄与してきたことはいうまでもない。しかしその一方で,職務満足は必ずしも従業員の職業生活について具体的な支援策を講ずることを目的にその解明が進められてきたわけではない。というのも,組織にとっては,労働提供と賃金支払いという従業員との経済的交換関係のなかから最大限の効用を引き出すこと,つまり生産性と作業効率に影響する職務満足の解明が魅力であったことは否定できない。

1.2　Quality of Work Life

しかし,この流れも 1960 年代後半から 1970 年代前半にかけて欧米諸国

において展開される「労働の人間化」運動の広がりにともない，その転換が迫られることになった（奥林 1981）。つまり，賃金の公平化，昇進や昇給の公平化，民主的監督管理の推進，安全な労働環境の整備，従業員の健康増進と維持，雇用保障，従業員の組織意思決定への参加促進など，組織条件が「労働の人間化」の理念に照らし合わせて適切なものであるかについての客観的評価と，その評価に基づいてなされる組織条件の改善活動が盛んになってきたのである。

この「労働の人間化」運動の進展にともない，人材マネジメント論に「職業生活の質」と訳される新たな概念，クォリティー・オブ・ワークライフ（Quality of Work/ing Life: QWL）がもたらされることになる。1972年には米国にて QWL 国際会議（於：Columbia University）が開催され，QWL の語が周知されるようになった（菊野 1980）。

QWL は一般的に 2 通りに理解される。まず，QWL とは「個々の労働者が，その必要・欲求を職場において，特に仕事に関して，直接実現できるように」（嶺 1995：4）職場環境を整備することである。

この客観的な QWL の内容については，一致した見解はないものの，国際労働事務所（International Labour Office：ILO）の Delamotte と Takezawa（1984）の QWL の内容は最も整理されているもののひとつである。

Delamotte と Takezawa（1984）は客観的 QWL の内容として，①従業員の安全・衛生・健康，②公平な待遇，③従業員の自律性の奨励，④職務内容の改善とその充実，⑤仕事とライフサイクルの調和をあげている。

つまり，客観的 QWL とは職場環境を労働者の労働生活と社会生活の包括的支援にかかわる施策や活動の全てを包含する概念であるといえる。そして，QWL は 1970 年代以降，単に企業組織のみならず，欧米諸国の労働法制にも積極的に導入されていったのである（奥林 1981：27-29）。

それに対しもう一方の QWL とは，「組織環境おいてどの程度全てのヒューマンニーズが満たされているかに対する認識」（Cascio 1999）であり，もしくは，「資源，活動，労働参加を通じてもたらされる従業員のさまざまな欲求の充足に対する満足」（Sirgy et al. 2001：242）と定義され

る，産業組織論や組織行動論から発生した従業員の情緒的ウェルビーイング（affective well-being）の一概念としての主観的QWLである。

本研究の目的は，ケアワーカーの主観的QWLを明らかにすることではあるが，主観的QWLと客観的QWLは密接な関係を持つ。それは，組織の「労働の人間化」の程度を評価する客観的QWLは，組織の民主化の努力とその実現において，従業員の当該の職場環境における職業生活への評価としての主観的QWLというフィードバックを重視するからである。すなわち，組織にとって「労働の人間化」への試みは，客観的QWLと主観的QWL（以降，単にQWL）の間にある差異を縮小・解消しようとする取り組みであるということができる。

職務満足とQWLについてその歴史的背景を概観するなかで明らかになることは，職務満足が科学的管理法と密接に結びついた概念であるのに対し，QWLは「労働の人間化」運動の理念，つまり「従業員の職業生活支援」という理念を含意した概念であるということである。しかしながら，従業員の情緒的ウェルビーイングとしての両概念の違いは，いまひとつはっきりしない。

実際に次節では，職務満足とQWLの諸理論と尺度の展望し，職務満足とQWLの違いを明らかにしようと試みるが，結論からまず述べると，職務満足とQWLの間に決定的な違いといえるようなものは見出されない。

あえて両者の違いをあげるならば，職務満足は多くの研究で職務の領域別（次元別）に概念および概念の測定がなされてきた経緯を持つのに対し，QWLは各領域別職務満足を包含する概念であるということである。つまり全体的職務満足（overall/global job satisfaction）とされてきたものがQWLとして捉えることができるといっても差し支えないであろう。このことを確認するために，まず本章では，QWLと職務満足の諸理論を概観し，それら諸理論が職務満足とQWLにどのように応用されているかを整理したい。

第2節　QWLと職務満足の理論

　QWLと職務満足に関する理論には，QWLと職務満足に関わる要因を特定した内容理論（Content theories）とも呼ばれる欲求理論群（need satisfaction theories）がある。なかでも，Maslowの欲求階層理論，Mclleland の達成動機理論，Herzbergの2要因理論，そしてAlderferのERG理論は代表格（Sirgy 2001：241）であり，順にそれら理論の概要を紹介する。

2.1　Maslowの欲求階層説

　QWL研究と職務満足研究に，最も影響を与えてきた理論といえば，Maslow（1943, 1954）の欲求階層説を忘れることはできない。また，QWLの上位概念である「生活の質」あるいは「生命の質」とも訳されるQuality of Life（QOL）の基礎理論でもあり，これに触発される学問領域は心理学，組織行動学に留まらず，医学，看護学，社会福祉学など多岐にわたっている。

　Maslow（1943, 1954）は人間の基本的欲求を生理的欲求（physiological needs），安全欲求（safety needs），愛情欲求（love and belongings），自尊欲求（esteem），自己実現欲求（self actualization）の5つと仮定している。

　生理的欲求は，身体系がホメオスタシス（homeostasis）を司るうえで必要とする，生理学的資源（e.g. 水，塩，糖，酸素，タンパク質，体温バランスをもたらす食物全般）や条件（e.g. 睡眠，セックス，運動）への欲求である。これら（欲求）資源が満たされている状態では，快感経験や身体的健康状態が達成されるわけだが，反対にこれらが欠乏すると，飢え・渇き・疲労感・緊張が生じる。

　安全欲求は，脅威・危険から回避したいという欲求，安全な状態・状況への欲求である。また，心の平静（equilibrium）・親和性（familiarity）・安定性（stability）の感じられるような環境や世界を希求する欲求もそうで

ある。この欲求が満たされている時には，安心・平静・均衡がもたらされるが，これが欠乏すると，不安・恐怖・脅迫などが生じる。

愛情欲求は，身の回りにいる重要な人物（e.g. 家族，恋人，友人など）たちと愛情関係を希求する欲求である。あるいは，グループや集団所属したいという欲求でもある。この欲求が欠乏すると，孤独・孤立などが生じ精神病や環境不適応に陥ることがある。

自尊欲求は，自己尊厳への欲求であるが，これは第三者からの評価によってもたらされるものと，自らの評価によってもたらされるものとの2つがある。具体的に，前者は第三者からの評判・承認・感謝などによって満たされ，後者は自らの能力・長所・達成・有用感への評価によってもたらされる。この欲求が満たされることで，自信・自己への価値観・自己の強さ・能力への自己評価・置かれた環境で自分は適切であるという感情などを持つに至るが，反対にこれらが欠乏すると，劣等感・脆弱感・無力感が生じる。

自己実現欲求は，自らがそうありたいと望むような存在としての成長や発展の実現を希求する欲求である。「何になれるか（What can be）」「何にならねばならないのか（What must be）」という問いへの回答となるような存在へと成長したいという欲求である。

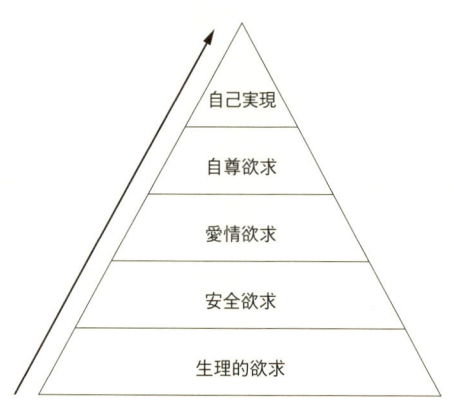

図1.1　Maslowの欲求階層説

Maslow は，これら5つの欲求間には階層関係が存在し，最低次の生理的欲求から，最高次の自己実現へと順に段階的に満たされていくとしている。例えば，生理的欲求が満たされて初めて，次のレベルの安全欲求が希求され，そしてこの安全欲求が満たされるのを待ってから，愛情欲求が希求されるのである。こうして，人間は最終的に自己実現に達することができるとしている。この主張の興味深い点は，一度満たされた欲求は希求されることがなくなることである（図1.1）。

Maslow の欲求階層説は，その直感的論理と理解のしやすさから，特に現場の経営者に支持されてきた（Robbins 1998：170）。しかし，5つの欲求区分は，因子分析による実証研究の結果から部分的にあるいは他の欲求全部と重複していることが判明しており（坂下 1985：23），欲求間の階層関係についても実証に成功した研究は殆どないことから，欲求階層説の妥当性は乏しいといわざるをえない。

2.2　Mclleland の欲求理論

Mclleland（1951）は人間の欲求を，達成欲求（achievement），権力欲求（power），所属欲求（affiliation）の3つに区分している。Mclleland（1951, 1971）は，これら3つの欲求の強度と業績との関係を実証的に検証している。

達成欲求とは，より高次の目標に挑戦しそれを達成し，またその上にある目標を次々と達成していきたいという欲求である。達成欲求の強度と業績に正の影響をもたらしていることが明らかになっている（Mclleland 1951）。

権力欲求とは，他者を直接的および間接的にもコントロールしたいという欲求である。特に，管理職については，権力欲求の強度は達成欲求の強度よりも業績に正の影響を及ぼしていること確認されている（Mclleland 1971）。権力欲求は，組織階層（組織におけるステータス）と組織の規模と正の交互作用があることが明らかになっている。

所属欲求とは，Maslow の愛情欲求に相当するもので，集団や組織に所

属したいという欲求であり，対人関係にまつわる欲求といえる。所属欲求の強度は業績に直接的に影響するものではないようである。むしろ，所属欲求は権力欲求と正の交互作用をもつことが示されており，その交互効果によって業績に影響しているようである（坂下 1985）。

2.3 Herzbergの2要因理論

Herzberg（1959, 1966）は，クリティカルインシデント法（critical incident method）による面接調査を通じて，満足要因（動機付け要因ともよばれる）と不満足要因（衛生要因）を帰納的に導き出している。

満足要因には，達成，承認，仕事自体，責任，昇進が含まれ，不満足要因には，組織の経営方針，管理・監督，対人関係，給料，作業条件が含まれる。

この2要因理論の独創的な点は，満足要因と不満足要因を職務満足の両極状態を構成するものとして捉えず，独立したものであると主張していることである。つまり，不満足要因は，それが欠如している場合には，不満足を引き起こすが，満たされていたとしても動機付けにはならず満足をもたらすことはない。一方，満足要因は，それが満たされると動機付けになり，満足をもたらすが，それが欠如したとしても不満足をもたらすことはないのである。

その簡潔さと明快さゆえに，発表から今日に至るまで組織行動科学において多大な影響を与え続ける理論ではあるものの，その実証方法として採用されたインタビューを通じて被験者に仕事上で際立って好感情と嫌悪感情を引き起こした事象を回想してもらうという臨界事象法の妥当性について批判もある。

2.4 AlderferのERG理論

Alderfer（1969）のERG理論の名称は，存在欲求（existence），関係欲求（relatedness），成長欲求（growth）の頭文字からきている。Alderfer

は，Maslow の 5 つの欲求カテゴリーを 3 つに単純化したのである。表1.1（太線枠は筆者による）に Maslow の欲求カテゴリーと Alderfer の欲求カテゴリーの対応表を示した。

存在欲求は，物質的，生理的欲求の全般を含んでいる。これは，Maslow の生理的欲求に相当するものである。賃金，福利厚生など待遇・労働条件などへの欲求は，職場環境における生存欲求として理解される。

関係欲求は，家族や友人知人などの重要な人物たちとの人間関係に関する欲求である。職場では，上司，同僚との人間関係への欲求がこれにあたる。

成長欲求は，置かれた環境で，自らの能力を発揮し，創造的かつ生産的な存在へと成長したいという欲求である。職場では，職務に関する能力，知識，技術を利用，発揮する機会が与えられて成長欲求が満たされる。

表1.1 Maslow カテゴリーと ERG カテゴリーの比較

Maslow カテゴリー	ERG カテゴリー
生理的欲求	存在欲求
安全欲求―物質的	
安全欲求―対人的	関係欲求
所属欲求（社会的）	
自尊欲求―対人的	
自尊欲求―自己確認的	成長欲求
自己実現欲求	

ERG 理論は，Maslow の欲求階層説と同様に，低次欲求から高次欲求へと段階的に充足されていくと仮定しているが，図1.2 が示すように（例えば，$gf \rightarrow R$，$rf \rightarrow E$ へのパスがそうである），欲求の欠如が発生すると高次欲求から低次欲求へと可逆的に希求されるという命題を添えている。この新たな命題が付されたことで，例えば，環境における欲求の枯渇といったような，環境の側の変化によって人間の欲求への希求パターンも変容することがあることも理解できるようになったといえる。

第1部　QWL とその多様性に関する理論的枠組み

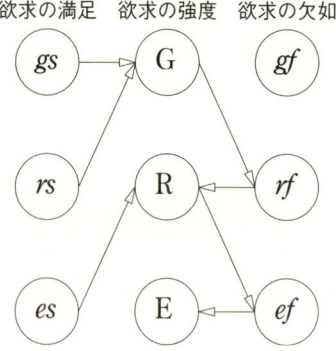

図 1.2　ERG 理論の概念図

2.5　QWL と職務満足の定義

　QWL と職務満足の定義から明らかなのは，どちらも欲求の充足に対する情緒的な満足や評価と密接に関係していることである。そして，前節で紹介したそれぞれの欲求理論が示す欲求のリストは（表 1.2 を参照），QWL と職務満足の構成要因を特定する根拠となっているのである。
　すなわち，欲求理論によって，「特定の職務を通じて人々が希求する欲求」とそれら欲求の充足に対する満足を特定することができる。
　例えば，Maslow の欲求階層説が示す 5 つの欲求を職務における欲求へと置き換えると表 1.3 のようになる。欲求理論が示す欲求と組織が職務を通じて従業員に提供できる欲求（表 1.3 を参照）を対応させ，それら欲求の充足に対する満足が明らかになれば，QWL と職務満足（JS）に外延的定義を与えることができる。欲求を n_i，欲求の充足に対する満足を nsl_i とすれば，QWL と職務満足は，

$$\text{QWL or JS} = \{nsl_1, nsl_2, nsl_3, ... nsl_i\} \tag{1.1}$$

と定義される。

28

さらに，測定尺度の構成因子で測定したものの総和をQWL（あるいは職務満足）とする操作的定義も与えられる。

$$QWL = \sum_{i=1}^{N} nsl_n \qquad (1.2)$$

本研究では，(1.1) 式と (1.2) 式に従い，QWLを「職場環境において，希求する各々欲求の充足に対する満足の度合い（need satisfaction level）の総和によってもたらされる，職業生活全体に対する認知的・情緒的自己評価」と定義することとする。

表1.2 欲求理論の系譜

Masolwの欲求階層理論	Mclleland の達成動機理論	Herzbergの2要因理論	Alderferの ERG理論
自己実現欲求	権力	達成	成長欲求
自己的尊厳欲求	達成	昇進	
		責任	
		仕事自体	
対人的尊厳欲求	所属	承認	関係欲求
愛情欲求		対人関係	
対人的安全欲求			
安全欲求		給料	存在欲求
生理的欲求			
		管理	
		監督技術	
		作業条件	

表 1.3　欲求のタイプと職務における欲求

欲求のタイプ	職務における欲求
生理的欲求	給与，働きやすい労働条件
安全欲求	福利厚生，在職期間，昇進の道
愛情欲求	上司との良好な関係，上司との信頼関係，上司の適切な指導，同僚との良好な関係，同僚との信頼関係，同僚との共同関係
自尊欲求	裁量権，自律性，仕事に対する組織からの承認
自己実現欲求	昇進，働き甲斐，知識・技能の発揮，創造性豊かな仕事

第3節　ケアワーカーの QWL と職務満足の測定：先行研究レヴュー

　本節では，高齢者福祉施設で介護・看護業務に携わるケアワーカーの QWL と職務満足に関する先行研究の展望を行う。しかし，ケアワーカーの QWL と職務満足に関する研究は，内外を問わず僅かに散見できるのが現状である。欧米では日本のように介護職と看護職が資格によって区別されているというわけではなく，日本の（入所）高齢者福祉施設に相当するナーシングホーム（nursing homes）では，ナーシング（nursing）とケア（care）は通常いわゆるナース（nurses）、ナース・エイド（nurse aides）と称されるワーカーによって行われている。

　したがって，ナースの QWL と職務満足に関する研究はある程度の蓄積はあるものの，ケアワーカーの QWL と職務満足に関する研究は数が少ない。日本についても数件報告されているのみである（東條・前田 1985；冷水・浅野 1985；中野・福渡 2001；中野・福渡 2002；Lee 2003；小檜山 2010）。

このような事情から，欧米の先行研究についてはナースをケアワーカーの近接職種として捉え，ナースと老人ホームで働くケアワーカー以外の職種，例えばソーシャルワーカーなどにもレヴューの範囲を広げる必要があろう。日本の先行研究については，高齢者福祉施設のケアワーカーのQWLと職務満足の研究を中心にレヴューを行う。

3.1　ケアワーカーの職務満足とQWL

先行研究の文献検索では，内外別にそれぞれ最大規模のデータ・ベースを使用した。欧米の先行研究についてはPsychoInfoデータ・ベースで1967年から2010年の範囲で論文のタイトルと要旨に"nursing staff""care staff""job satisfaction""QWL"という語を見出せるか検索を行ったところ，総計79件の文献に当たった。日本の先行研究については，NICHIGAIジャーナルプラスで論文のタイトルに介護職，職務満足，QWLという語を見出せるか検索を行ったところ，総計4件の文献に当たった。これら先行研究のレヴューで明らかになったことは，

a)　**職務満足には全体的職務満足と領域別職満足がある。**
b)　**職務満足尺度はQWLを測定する重要な尺度の1つである。**

の2点にまとめらる。以下，順を追って詳述する。

小野（1993）と高橋（1999）によると，これまで職務満足は仕事のあらゆる領域（「仕事そのもの」「昇格・昇進」「同僚」「上司」「待遇」「労働条件」など）に現れるものであり，その内容は大きくは2通りに捉えられてきた。

1つは，全体的・包括的に捉えられる全体的職務満足（overall job satisfaction：OJS）であり，もう1つは特定の要因が充足することによってもたらされる領域別職務満足（facet job satisfaction：FJS）である。小野（1993）によれば，1950年代までに行われた職務満足に関する研究の多くが，職務満足と関連する要因を見出すことを目的としていた。それが次第に，前節でレヴューした欲求資源理論と結びつくことになり，職務満

第1部　QWLとその多様性に関する理論的枠組み

足の領域の設定に欲求資源理論が提示する各欲求資源がその根拠を与えてきたと考えられる。

　全体的職務満足と領域別職務満足の関係については，上述したとおり全体的職務満足をもたらす要因探索が領域別職務満足の設定へとつながった経緯を反映して，全体的職務満足は従属変数として，領域別職務満足は独立変数として用いられるのが一般的である（図1.3）。

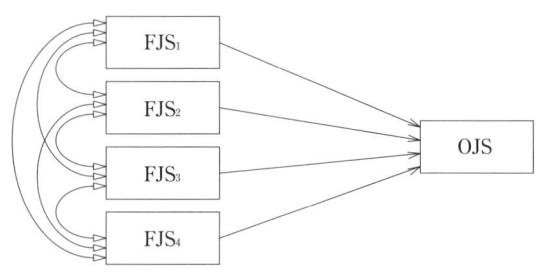

図1.3　全体的職務満足と領域別職務満足

　このような職務満足の取り扱い方は，ケアワーカーの職務満足研究にも見られる。表1.4に信頼性と妥当性が確認された尺度を使用してQWL，全体的職務満足，領域別職満足のいずれかを測定している12件の先行研究を示した。

　表1.4からまず気づくことは，領域別職務満足の分類は多くの研究で大変似通っていることである。各研究の領域別職務満足をその定義と内容に照らし合わせると，仕事の内容に関連するもの（e.g.「仕事そのもの」「職務内容」「職務要求」「成長」），人間関係に関連するもの（e.g.「上司」「同僚」「患者or利用者」「専門職間の交流」），待遇や労働条件についてのもの（e.g.「給料」「雇用保障」「昇進・昇格」「勤務時間・勤務体制」）にまとめられそうである。

　すでに，実証研究を通じその信頼性と妥当性が確認されてきた尺度を使用する場合，研究者はケアワーカーやナースの職務満足の領域設定について使用する尺度のそれに同意していることを意味している。特にJDIと

MSQは職務満足研究では最も使用されてきた実績をもつ尺度であり(小野 1993),表1.4からケアワーカーとナースの職務満足の先行研究においても,特にJDIの影響の大きさが伺える。

ナースの職務満足を測定することを目的に独自に開発された尺度として有名なStamps (1997)のIWSについても欲求資源理論と既存の職務満足研究の影響を受けながら開発されてきたのであり,示されている領域別職務満足についても組織の方針 (organizational policies) を除く他の領域別職務満足の内容は他の尺度のそれと大きな違いはない。

全体的職務満足の測定については,冷水・浅野やBoeyの研究のように単一項目尺度 (single item scale) を使用する場合と,Kiyakら(1997)のように領域別職務満足の得点を加算するケースがある。

前者は,職務満足が全体的職務満足によって現れるもので,領域別職務満足はその独立変数であるとする立場をとっている。後者は,職務満足の実態は領域別職務満足の総和でありその職務満足に影響を与える職務特性,個人的特性(性格・態度に関するものやデモグラフィックなものも含む)といった独立変数を探索し,生産性,欠勤,離転職などの従属変数を説明することを目的に職務満足を独立変数とする立場である。

QWLの測定尺度は,主に表1.2の4つの欲求理論が提示するそれぞれの基本的欲求を職務要因ごとに次元化して開発されている (Sirgy et al. 2001:243)。実は,職務満足の測定尺度の多くも同様の方法で開発されており,小野(1993:39)によれば職務満足の測定尺度はQWLを測定する指標・尺度として広く利用されているのである。

例えば,Sirgyら(2001:243)は,Maslowの5つの欲求に注目して作成されたNSQ (Need Satisfaction Questionnaire) をQWL測定尺度の1つに数えており,BowditchとBuonoは,職務満足研究で最も用いられてきたJDI (Job Descriptive Index) とMSQ (Minnesota Satisfaction Questionnaire) をQWL測定尺度としている (Bowditch and Buono 1982:34)。中野・福渡(2000)もこのアイデアを踏襲し,東條・前田がJDIを翻訳・短縮・改訂をした尺度を参考にして独自にQWL尺度を開発している。

第 1 部　QWL とその多様性に関する理論的枠組み

表 1.4　QWL と職務満足の測定尺度

研究者	対象者	QWL	全体的職務満足	領域別職務満足	使用尺度	理論
海外						
Newman (1974)	老人ホーム介護・看護職員 (n=108)	×	×	仕事そのもの 上司 同僚 給料 昇進・昇格の機会	JDI (Smith et. al., 1969)	
Waxman et al. (1984)	老人ホーム介護補助職員 (n=234)	×	×	給料 同僚 自律 職務内容 雇用保障	MSQ (Weiss et al., 19767)	
Francis-Felsen et al. (1996)	長期介護施設職員 (n=281)	×	×	給料 (α=.70) 自律 (α=.69) 職務要求 (α=.53) 専門職地位 (α=.55) 専門職間交流 (α=.35)	Stamps and Piedmonte (1986)	Maslow Herzberg
Ajamieh (1996)	ナース (n=330)	×	×	専門職間交流 労働条件 自律 個人的達成 (α=.89)	MMS (Mueller and McCloskey, 1990)	Maslow
Stamps (1997)	ナース (n=?)	×	×	給料 (α=.83～89) 自律 (α=.69～.75) 職務要求 (α=.64～78) 組織方針 (α=.65～83) 専門職地位 (α=.29～.76) 専門職間交流 (α=.72～.84)	The IWS (Stamps, 1978)	Maslow Herzberg
Kiyak et al. (1997)	高齢者福祉施設職員* (n=358) 注）職員には直接処遇職員，非直接処遇職員が含まれる	×	○ 注）領域別職務満足得点を加算	仕事そのもの 上司 同僚 給料 昇進・昇格の機会	JDI (Smith et.al., 1969)	
Jansen et al. (1996)	訪問看護職員	×	○	ケアの質 上司 同僚 患者との接触 患者割当 職務内容の明瞭さ 成長 (α=.64～.92)	Boumans (1990)	

34

第1章　QWLの理論的枠組

研究者	対象者	QWL	全体的職務満足	領域別職務満足	使用尺度	理論
Boey (1998)	ナース (n=1043)	×	○ 注）6項目（α=.75）．但し，加算するのではなく6項目それぞれの回答（同意しない～同意する）への比率を報告している。 6項目はそれぞれ ①「仕事の満足」 ②「労働条件は改善できる？」 ③「仕事はこれからも続ける？」 ④「仕事を変えようと思う」 ⑤「退職しようと思う」		JSS (Chan, 1992)	
Lum et al. (1998)	ナース (n=372)	×	×	自律 職務要求 組織方針 専門職間交流 職務状態（α=.86）	Stamps et al. (1978) を37項目から25項目に短縮・改訂したもの。	
Munro et al. (1998)	ナース (n=60)	×	○ 注）領域別職務満足得点を加算	労働条件 管理体制 昇進・昇格 給料 雇用保障 同僚（α=.91）	Warr et al. (1979)	
日本						
東條・前田 (1985)	特養寮母 (n=563)	×	×	仕事そのもの 上司 同僚 給料 勤務時間・勤務体制	JDI (Smith et.al., 1969) を翻訳短縮・改訂した。	
冷水・浅野 (1985)	特養寮母 (n=563)	×	○ 注）3項目．但し，加算するのではなく3項目それぞれの回答（非常に満足している～全然満足していない）の比率を報告している。 ①全体的満足 ②友人に勧めるか ③希望どおりか	仕事そのもの 上司 同僚 給料 勤務時間・勤務体制	JDI (Smith et.al., 1969) を翻訳短縮・改訂した。	
中野・福渡 (2000, 2001)	特養・老健介護職員 (n=701)	○*	○ 注）2項目．但し，加算するのではなく3項目それぞれの回答（非常に満足している～全然満足していない）の比率を報告している。 ①全体的満足 ②希望どおりか	仕事そのもの 上司 同僚 給料 昇進・昇格の機会 勤務時間・勤務体制	東條・前田 (1985)，小野 (1995) の尺度を参考にした。	

第1部　QWLとその多様性に関する理論的枠組み

　最近のQWL測定尺度の開発動向をみると，職務満足測定尺度がQWLを測定する指標・尺度として相変わらず利用されていることから，JDIとIWSの改定作業は活発に行われているものの，"QWL測定尺度"として新たに開発されているものはSirgyら（2001）が開発したものを除いて他に見当たらない。

　Sirgyら（2001）が開発した職種を問わない一般的なQWLの尺度としては，信頼性と妥当性を報告している最新の尺度である。本尺度は，7つの領域別欲求満足（need satisfaction）を測定することを目的に開発されている。

　設定する領域別欲求満足の理論的根拠はMaslowの欲求階層理論，AlderferのERG理論の欲求概念に求めており，測定尺度の領域別欲求満足がQWLという因子の構成要素となりうるか構造方程式モデリングを用いて2次因子モデルの検証的因子分析による構成概念妥当性とその信頼性の検討を行っている。

　詳細は第3章に譲るが，本研究で試みるQWL測定尺度の開発に際しても，Sirgyら（2001）らと同様に検証的因子分析を使用して妥当性と信頼性を検討することとした。

第1章　QWLの理論的枠組

本章の要旨

　従業員の職業生活について具体的な支援策を講ずることを目的に職務満足の解明が進められてきたわけではない。組織にとっては，労働提供と賃金支払いという従業員との経済的交換関係のなかから最大限の効用を引き出すこと，つまり生産性と作業効率に影響する職務満足の解明が魅力であったことは否定できないのである。しかし，1960年代後半から1970年代前半にかけて展開される「労働の人間化」運動の進展にともない，人材マネジメント論に「職業生活の質」と訳される新たな概念，クォリティー・オブ・ワークライフ（Quality of Work/ing Life: QWL）がもたらされた。QWLは「組織内における品質関係を促進することを目的に設計された組織および実践活動に関する客観的条件」とする客観的QWLと，「資源，活動，労働参加を通じてもたらされる従業員のさまざまな欲求の充足に対する満足」とする主観的QWLの2通りに理解されている。主観的QWLを欲求理論群に依拠しながら，本研究ではQWLを「職場環境において，希求する各々欲求の充足に対する満足の度合い（need satisfaction level）の総和によってもたらされる，職業生活全体に対する認知的・情緒的自己評価」と定義する。

第1部　QWLとその多様性に関する理論的枠組み

【引用文献】

Ajamieh, A.R.A., Misener, T., Haddock, K.S., and Gleaton, J.U. (1996) Job satisfaction correlates among Palestinian nurses in the West Bank, International Journal of Nursing Studies, 33 (4), 422-432.

Alderfer, C.P. (1969) An empirical test of a new theory of human needs, Organizational Behavior and Human Decision Processes, 4(2), 142-175.

Alderfer, C.P. (1972) Existence, Relatedness, Growth, Free Press.

Alderfer, C.P., Kaplan, R.E. and Smith, K.K. (1974) The effect of variations in relatedness need satisfaction on relatedness desires. Administrative Science Quarterly, 19(4), 507-532.

Boey, K.W. (1998) Coping and family relationships in stress resistance: A study of job satisfaction of nurses in Singapore, International Journal of Nursing Studies, 35 (6), 353-361.

Borda, R.G. and Norman, I. J. (1997) Factors affecting turnover and absence of nurses: a research review, International Journal of Nursing Study, 34, 6, 385-94.

Cascio, W.F. (1998) Managing Human Resource, quality of work life, profits. 5th ed. Boston, MA: Irwin Mcgraw Hill.

Chan, K.B. (1992) Work stress and coping among professionals, National University of Singapore.

Dalessio, A., Silverman, W.H., and Schuck, J.R. (1986) Paths to turnover: a re-analysis and review of existing data on Mobley, Horner, and Hollingsworth turnover model, Human Relation, 39, 245-275.

Delamotte, Y. and Takezawa, S. (1984) Quality of working life in international perspective, International Labour Office.

Francis-Felsen, L.C., Coward, R.T., Hogan, T.L., and Duncan, R.P. (1996) Factors influencing intentions of nursing personnel to leave employment in long-term care settings, Journal of Applied Gerontology, 15(4), 450-470.

Hellman, C.M. (1997) Job satisfaction and intent to leave, The Journal of Social

Psychology, 137(6), 677-689.
Herzberg, F. (1959) The Motivation to Work, Wiley.
Herzberg, F. (1966) Work and the nature of man, The World Publishing Company.
Hoppock, R. (1935) Job Satisfaction, Harper.
Jansen, P.G.M., Kerkstra, A., Abu-Saad, H.H., and van-der-Zee,-Jouke (1996) The effects of job characteristics and individual characteristics on job satisfaction and burnout in community nursing, International-Journal-of-Nursing-Studies, 33(4), 407-421.
Kiyak, H.A., Namazi, K.H., and Kahana, E.F. (1997) Job commitment and turnover among women working in facilities serving older persons. Research on Aging, 19(2), 223-246.
菊野一雄(1980)「QWL(Quality of Working Life)の概念に関する一考察——QWLに内在する労働者像について(現代経営学の基本問題)」『經營學論集』50, 149-154。
小檜山希(2010)「介護職の仕事の満足度と離職意向——介護福祉士資格とサービス類型に注目して」『季刊・社会保障研究』45(4), 444-457。
Lease, S.H. (1998) Annual review, 1993 1997: Work attitudes and outcomes, Journal of Vocational Behavior, 53, 154-183.
Locke, E.A. (1983) "The Nature and Causes of Job Satisfaction." 1297-1349 in Marvin D. Dunnette (ed.) Handbook of industrial and organizational psychology, Rand McNally College Publishing Company.
Lum, L., John, K. Clark, K., Reid, F., and Sirola, W. (1998) Explaining nursing turnover intent: job satisfaction, pay satisfaction, or organizational commitment?, Journal of organizational Behavior, 19, 305-320.
Maslow, A.H. (1943) A theory of human motivation, Psychological-Review, 50, 370-396.
Maslow, A.H. (1954) Motivation and Personality, Harper.
Mayo, E. (1933) The Human Problems of an Industrial Civilization, The Macmillan Company.
Morgan, G. (1998) Images of Organization, Sage Publications.
Munro, L., Rodwell, J., and Harding, L. (1998) Assessing occupational stress in psychiatric nurses using the full Job Strain Model: The value of social

support to nurses, International Journal of Nursing Studies, 35(6), 339-345.
村杉健(1987)『組織の行動科学――モラール・モチベーション研究』税務経理協会。
嶺学(1991)『労働の人間化を求めて』法政大学出版局,御茶の水書房。
Newman, J.E. (1974) Predicting absenteeism and turnover: A field comparison of Fishbein's model and traditional job attitude measures, Journal of Applied Psychology, 59(5), 610-615.
中野隆之・福渡靖(2000)「介護スタッフの職務満足と生活満足――高齢者保健・福祉施設を中心に」『日本保健福祉学会誌』8, 7-19。
中野隆之・福渡靖(2001)「保健福祉施設における人的資源としての介護職員に関する研究」『日本公衆衛生雑誌』48(12), 938-948。
日本看護協会調査・情報管理部調査研究課(1999)『病院看護基礎調査』日本看護協会。
奥林康司(1981)『労働の人間化:その世界的動向』有斐閣。
小野公一(1993)『職務満足と生活満足』白桃書房。
Porter, L. W. and Steers, R. M. (1973) Organizational work, and personal factors in employee turnover and absenteeism, Psychological Bulletin, 80, 151-176.
坂下昭宣(1985)『組織行動研究』白桃書房。
Santon, J.M., Bachiochi, P.D., Robie, C., Perez, L.M., and Smith, P.C. (2002) Revising the JDI Work Satisfaction Subscale: Insights Into Stress and Control, Educational and Psychological Measurement, 62(5), 877-895.
Sirgy, M.J., Efraty, D., Siegel, P. and Lee, D. (2001) A New Measurement of Quality of Work Life (QWL) Based on Need Satisfaction Theories and Spillover, Social Indicators Research, 55, 241-302.
Smith, P.C., Kendall, L.M., & Hulin, C.L. (1969) The measurement of satisfaction in work and retirement, Rand McNally.
Smith, P.C., Kendall, L.M., and Hullin, C.L. (1969) The Measurement of Satisfaction in Work and Retirement: A Strategy for the Study of Attitude. Rand McNally & Company.
Spector, P.E. and Jex, S.M. (1991) Relations of job characteristics from multiple data sources with employee affect, absence, turnover intentions, and health, Journal of Applied Psychology, 76, 46-53.

Sprangers M.A.G. and Schwartz C.E.（1999）Integrating response shift into health-related quality of life research: a theoretical model, Soc. Sci. Med., 48, 1507-1515.

Stamps, P.L.（1997）Nurses and Work Satisfaction: An Index for Measurement. Health Administration Press.

Taylor, F.W.（1911）The Principles of Scientific Management, Harper.

高橋弘司（1999）「態度の測定（I）：職務満足」107-130。渡辺直登・野口裕之（編著）『組織心理測定論——項目反応理論のフロンティア』白桃書房。

東條光雅・前田大作（1985）「次元別仕事満足度の要因分析」『社会老年学』22, 3-14。

Waxman, H.M., Carner, E.A., and Berkenstock, G.（1984）Job turnover and job satisfaction among nursing home aides. Gerontologist, 24(5), 503-509.

Williamson, D.A.（1996）Job Satisfaction in Social services, Garland Publishing.

全国老人福祉施設協議会（1993）『全国老人ホーム基礎調査報告書』全国社会福祉施設協議会。

渡辺直登・野口裕之（1999）「はじめに」『組織心理測定論——項目反応理論のフロンティア』渡辺直登・野口裕之（編）白桃社。

第 2 章

QWL の生態学：ギルド理論の導入

第 1 節　QWL の生態学
　　　　：資源利用パターンの観点から

　本章では，前章まで概観してきた一意的な QWL 観に対抗して，QWL はワーカーによってその内容は異なるべきものであるとする「QWL の多様性論」を生態学と集合論にその根拠を求めながら論じることである。

　第 1 章で「職場環境において，希求する各々欲求の充足に対する満足の度合いの総和によってもたらされる，職業生活全体に対する認知的・情緒的自己評価」と定義した QWL の内容が異なるということ，すなわち，ワーカーごとに希求する欲求のリストが異なるということは，我々にとって経験的な事実として自然に受け止められることであろう。

　しかし，統計解析を駆使した構成概念の分析が主流である今日，職務満足や QWL 研究から発信される QWL は，こうした QWL の多様性観を充分に汲みつくすことなく，あたかも「ワーカーの QWL の中身はみな同じである」といった誤ったメッセージを送っているのではなかろうか。こうした，研究側と現場側の間にある温度差を解消するために，「多様性」に着目した研究は今後ますます行われていく必要があろう。

　そこで本章では，QWL の多様性を科学的に検証可能な形に定式化し，これを実際のデータを用いて検証を行う。ここではまず，QWL の多様性の定式化に必要な知見を生態学に求めながら整理したい。

1.1 職場という「環境」

まず，一般的な「環境」というものについて考えてみよう。環境とは，「ある主体に対するその外囲を，その主体の環境（独 Umgebung）という。主体に受けとられ認識される環境像を主体的環境（subjective environment）といい，その把握は生物の反応を通してなされる。それに対して外囲の環境条件を物理化学的に把握した環境像は客体的環境（objective environment）」（『岩波生物学辞典第4版 CD-ROM 版』）と定義される。

「環境」を客観的に把握しようとするならば，「環境」は様々な環境条件が複雑に関連しあって構成されている系ということができる。しかし，各環境条件の関連の仕方を明らかにする作業は，我々観察者の知覚システムが何をどの程度「知覚」できるかに大きく左右されるのであり，厳密な意味において，環境を客観的に捉える作業は不可能なのかもしれない。

ただし，生物個体（群）にとって環境とは，もっと単純に，生存を可能にしてくれる条件（環境資源）の集合体であるといえる。もしある生物個体（群）にとって，現在の棲息環境が生存を可能にする条件を整っていないのであれば，その個体（群）は死滅するか，棲息場所を移動するかの選択を迫られることになるし，その逆は繁栄を意味するのである。このように，生物個体(群)からの視点で環境を捉えなおすと，「環境とは，資源(条件)の束，もしくは集合である」と定義できる。

$$環境 = \{資源_1, 資源_2, ... 資源_i\} \quad (2.1)$$

環境をこのように簡便に定義することで，システムとしての生物個体（群）の環境における適合度（Environmental Fit: EF）を理解しやすく整理できるようになる。EF については本章第2節で詳述する。

さて環境は，図2.1のように多重構造を成しており，下位環境としてパッチ状環境（以下，単にパッチと呼ぶ）が存在している（Pianka 1978）。下位環境としてのパッチにも，先程の環境の定義を適用すること

ができる。つまり，パッチは環境（環境資源の集合）の部分集合であり，パッチごとに内包される環境資源は，それぞれ異なるということである。したがって，たとえ同じ環境内に幾多の生物個体（群）が棲息していても，各個体群は希求する環境資源に応じて最も適当なパッチを選択・棲息していると考えられる。

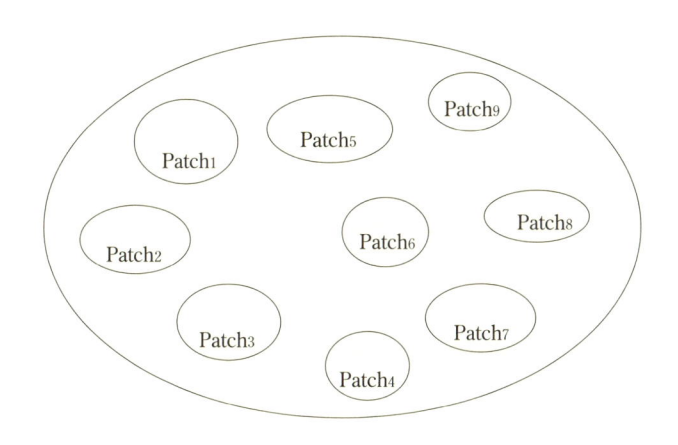

図 2.1 環境とパッチ状環境

社会環境についても，様々な下位環境のパッチから構成されている。立場や役割，あるいは目的によって異なるが，各個人は家庭，職場，学校，地域等の社会環境における，いわゆるパッチに深く関わって生活しているのである。

さて，組織や企業のワーカーにとって一般的に職場とは，物質的資源（e.g. 衣食住）の獲得を具体的に実現してくれる給料を供給してくれる（もちろん労働提供と交換のうえで）場である。しかし，各個人は職場で給料を得るだけに留まらず，有意義な人間関係を築くこともあるだろうし，職場での職業生活を通じて，人間として，また職業人としての成長を経験することもあろう。

このように職場は，各個人に豊富な欲求資源を提供してくれる（あるいはそれを期待される）重要なパッチ状環境と捉えることができる。生物は

環境から希求する欲求資源が満たされない時、他のパッチ状環境を探索・移動（図2.2）するか、形質置換えによって適用しようとする。このアイデアはただちにワーカーの離転職行動に適用できよう。つまり、ワーカーが必要とする資源を社会環境に点在する現在の「職場」というパッチで獲得できなくなれば、それを満たしてくれるであろうと期待（もしくは知覚）される他のパッチ、「職場」に移動すると考えることができる。

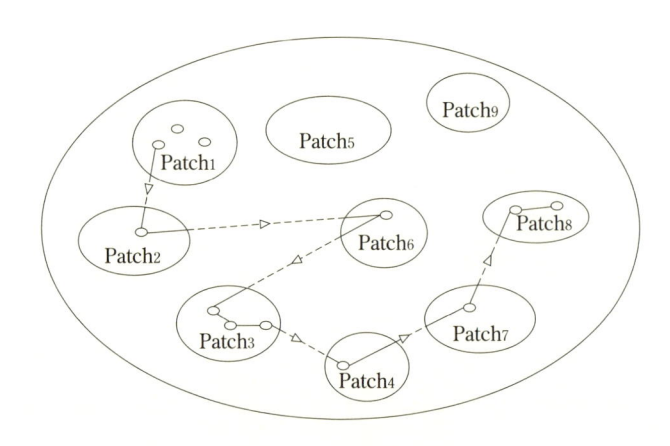

図2.2 パッチ探索・移動

1.2 システムとしてのワーカー

まず、システムとは何かというと、「複数の構成要素が互いに関連しあいながら、共通の目的を達成しようとする集合（体）」であることを確認しよう。とすると、システムは、単に機械やロボット等の工学的産物だけでなく、人間をふくむ生物、社会、環境にまであてはめられる。

では、生物個体をシステムとして捉えると、生物個体は棲息する環境から、様々なインプットを受け取り、今度は環境に対して様々なアウトプットを返す。簡単なモデルを図2.3に示す。

第 2 章　QWL の生態学

　環境からのインプットは，生存に必要な物質的・生理学的な資源エネルギーに加えて，地理学的な気候といった環境要因である。これらインプットに対し，生物個体はアウトプットとして，呼吸，排泄，生殖，採餌行動，棲息場所の移動等の行動を環境に返すわけだが，これらのアウトプットは他の生物個体にとってのインプットとなり，他の生物個体にとって生存を大きく左右する直接的・間接的な環境要因にもなるのである。

　例えば，図 2.3 の簡単なモデルが示すように，植物は，太陽光線，二酸化炭素，養分，水などの光合成に必要な資源を環境から享受し，植物は草食動物の餌になり，草食動物は肉食動物の餌になり，草食，肉食動物は死んでバクテリアの餌となり分解され，土に還り，植物にとって重要な土の養分となるのである。逆に，植物が充分な資源を環境から享受できない時，草食動物，肉食動物，バクテリアの全てが餌を得ることが困難になり，最悪の場合は死滅してしまう。

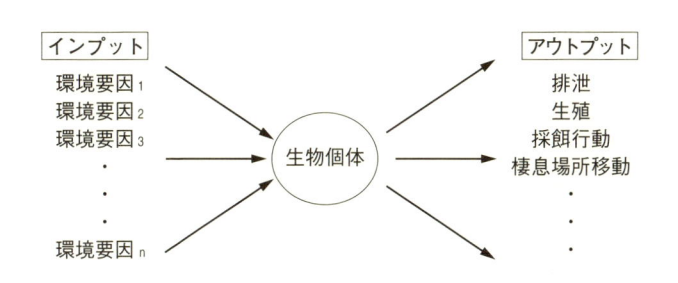

図 2.3　システムとしての生物個体

1.3　パッチ移動としてのワーカーの離職

　職場という環境に置かれているワーカーにも，同様のアナロジーを適用することができる。例えば，図 2.3 が示すようにそれぞれのワーカーは職場環境から様々なインプット（必要な欲求資源，正・負の刺激など）を受け取り，組織行動というアウトプットを職場環境に返す。しかし，ある

第 1 部　QWL とその多様性に関する理論的枠組み

ワーカーの職場環境に返すアウトプットしての組織行動は，他のワーカー達にとって無関係ではない。もし，そのワーカーが高い職務満足感を覚え，かつ，職場に対するコミットメントの程度が高ければ，そのワーカーの作業効率に対して高い貢献度を期待できるであろう。

しかし，それとは逆に低い職務満足感とコミットメントのために，遅刻や欠勤が頻繁に起こるならば，職場の作業効率は引き下げられる恐れがあると同時に，他のワーカーたちは，作業効率の確保・維持のために余分な作業負荷を負わなければならないこともあろう。

1.4　客観的環境と主観的環境

「環境」を客観的に捉えることの難しさは，環境を構成する要素・条件が多数であること，それら要素間の関連の仕方が大変複雑であること，さらには，観察者である我々の知覚能力に限界があることに由来している。さらに，生物は種によって各々の生存戦略に欠かせない固有の知覚システムを持っている。

例えば，哺乳類であるコウモリは，自らが出す超音波の反響を利用して対象を知覚するというソナーシステム（音響定位システム）を備えているが，人間にはもちろんこのソナーシステムは備わっていない。よって，人間はコウモリの知覚システムとメカニズムを明らかにしたとしても（あるいはそう信じても），コウモリが知覚しているであろう「環境」を経験することはできない。このように，知覚主体自らが持つ知覚能力の限界と知覚主体間にある知覚システムの違いは，「客観的環境」，つまり一意的に理解される環境を拒んでいるのである。

人間がコウモリの環境を経験できないとして，人間同士ではどうであろうか。「客観的環境」を手にするうえでもう 1 つクリアしなければならない問題が残されている。それは，知覚経験に伴うクォリア（感覚質）[1]の問題である。クォリアとは，知覚に伴って発生する質的感覚（「痛い」感じなど）を指すが，このクォリアは同様の知覚システムを持つ同種個体間ですら異なる場合がある。

例えば，ある一卵性双生児の2人が初めてジェットコースターに乗ったとしよう。乗車後2人にジェットコースターに乗った感想を尋ねたところ，1人は「こわかった」と感想を述べたのに対し，もう1人は「スリル満点で，爽快」との感想を述べた。ここで興味深いのは，この2人の人物は同様の知覚システムを持つと仮定することが可能であり，五感を通じて経験されたジェットコースターに乗るという同様の体験（あるいは知覚経験）をしたにもかかわらず，2人には同様の体験に対する同じ「感じ」，クォリアが共有されていないことである。

　前者は過去にスピードや高い所に恐怖を覚えるような苦い経験をしているかもしれないし，後者は先天的にスピードと高所を好む気質を持っているのかもしれない。このように，体験がもたらす「感じ」の背景にあるものとして，様々な心理的原因と発達段階における経験を考慮することはできるが，それらを汲みつくすことは大変困難な作業であることはいうまでもない。

　知覚経験の現象的質感の客観的記述は困難である。例えば，「快感」の定義は概ね「快い感じ」と定義されている。これはトートロジー，同語反復であり，「快感」の質をなんら示していない。言葉の質的情報を担う内包が殆ど無いといってよい。

　神経科学が，「『快い感じ』とは，脳波計によって測定可能なニューロンのY状態によって引き起こされる感覚」と説明したとする。そして，Y状態はX刺激を与えることによって，全ての人間（知覚主体である）に引き起こすことができるとしよう。そして，実験によりX刺激を被験者に与え，Y状態は例外なく全ての被験者から測定されると被験者から「快い」と証言を得ることができれば，「快い感じ」とX状態という客観的事実との対応関係を見出すことができる。しかしながら，X刺激→Y状態→「快い感じ」証言，この図式は「快い感じ」の客観的記述の候補として有力ではあるものの，「快い感じ」の機構を示したに過ぎず，肝心の「快い感じ」の中身について何も教えてくれない。

　肯定的感情の1つである主観的QWLあるいは職務満足の測定についても同様のことがいえる。心理学では，被験者にあるものに対する満足感（心

理学では直接観測できない概念を構成概念と呼ぶ）の内包の候補と目されるキーワードを含む評定尺度に仕立てられた質問項目を複数用意した質問紙に回答してもらい，項目間に見出される反応パターンの計量的類似性を因子分析によって検討し，構成概念の内包を特定していく。そして，満足感と対応関係を持つ客観的事実としての質問項目を探索することで，満足感を測定し，数値化された満足感がある統計分布に従っていることがわかれば，個々の被験者の満足感の確率的状態を特定できると考えている。

しかしながら，構成概念を構成するキーワードそれぞれに随伴する「感じ」の曖昧さは依然として残ったままなのである。従業員の主観的QWLを測定できたとする客観的証拠を得たとしても，依然，従業員の職業生活に対する「感じ」の質的情報は不明のままである。そもそも，測定者が用意した質問項目に含まれたキーワードについて従業員はそれらキーワードが職業生活に対する「感じ」を表現するものであると同意しているわけでもない。被験者が2つ以上の質問項目に対して同様の回答・反応を返すことは，同意の必要条件ではあっても十分条件とはならないのである。では，観察者は「感じ」の実相を把握するためにその「感じ」に対応する客観的事実の探索以外に何をすればよいのであろうか。被験者に内観を通じ，その「感じ」を多様に記述してもらうほかないと考える。

これらの例と同様に，知覚・認識・評価される環境はその主体によって異なることがあろう。例えば，同じ環境に身を置く3人の人物（A，B，C）に彼らの環境を記述させるとする。ところが，3人に記述される環境の様相（範囲，内容）は図2.4に示すように異なるのである。生態学的な文脈に即せば，環境が生存を可能にしてくれる条件（環境資源）の集合であるとすると，3人の観察者が認識する環境は自らの生存可能性と密接に結びついて知覚され，感じられ，そして認識されるのである。

認識される職場環境も同様に，ワーカーごとに異なる可能性があろう。特に，「環境とは，資源（条件）の束，もしくは集合」であるとすると，問題になってくるのは，全てのワーカーが同じ資源（resources）を希求するか否かであろう。

図2.4では，A，B，Cの観察者が客観的環境を部分的にしか捉えてい

第2章　QWLの生態学

ないのがわかる．その理由として，図2.5に示すように，もしワーカーごとにあらかじめ内的に組み込まれている希求する資源のリストが「客観的職場環境」が用意する資源のリストに部分的にしか対応しないのであれば，ワーカーごとに異なって認識される環境の理由が，ある程度説明できそうである．

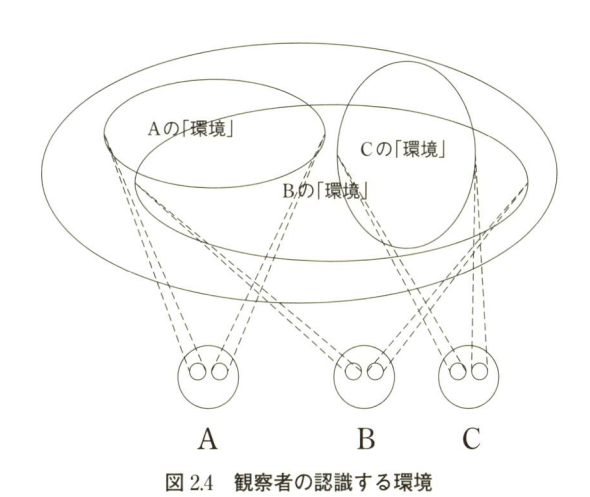

図2.4　観察者の認識する環境

図2.5　主観的環境の発生メカニズム

51

このように，希求する資源のリストあるいは組み合わせが異なるというアイデアは，生態学のニッチ（niche）やギルド（guild）の概念に由来する。ニッチとギルドについては，次節で詳述するが，これらの概念を「環境を知覚する」という行為にあてはめると，なぜ「客観的環境」から観察者によって異なる「主観的環境」が現れるのかが理解できる。

各観察者に固有な環境としての主観的環境についてある有力な説がある。Gibson（1979）のアフォーダンス理論がそれである。ある観察者のうちに主観的環境が立ち現われるためには，観察者は客観的環境に随伴する情報を抽出しなければならないということができるかもしれない。例えば，動物にとって棲息地は，生存と成長を可能にするものでなければならないし，ある地理的空間あるいは場が棲息地と適しているのか，少なくとも，生存と成長を可能にする資源の存在の有無とその程度といった意味ある情報，生態学的情報を抽出する必要がある。Gibson（1979）は，これら意味ある情報をアフォーダンス（affordance）[2]と呼び，「環境が動物にアフォード（afford）するもの」と定義している。

Gibson は，環境中の対象や事象を知覚するとは，感覚やセンスデータを介して構成されるような間接的なものではなく，知覚されたままの対象や事象が環境中に実在していると主張する（河野 2003）。そして環境に備わる意味ある情報としてのアフォーダンスは，知覚主体としての動物の各個体の特徴に応じて異なってくるとしている（河野 2003）。つまり，各知覚主体によって知覚される環境は異なるのである。

第2節　QWLの生態学的多様性：ニッチとギルド

本節では，QWLの多様性を資源利用パターンの多様性の視点を導入して明らかにしたい。特に，ソーシャルワークでも馴染み深い生態学概念のニッチと，ニッチよりも簡便で汎用性の広いギルドの両概念からこれを試みる。

2.1 QWLの多様性の必然性

　人間集団の中には，厳密に全く同じ身体的特徴や人格を備えている2人以上の個人は存在しない。全く同じ遺伝情報をもつ一卵性双生児同士であっても，成長するにつれ各々が独自の心理的・社会的な個性を身につけていく。食べ物の好み，趣味，能力，態度，行動様式，どれひとつをとっても，個人は他者のそれとは異なる特徴をもつ。また我々は，経験的に希求される欲求資源が個人よって異なることを知っている。

　例えば，個人によってそれは経済的な豊かさや地位や名誉であったり，人間関係であったり，ある者は他者を援助する場や機会であったりする。実に人間一人一人の欲求資源の求め方のパターンは多様性に富んでいるのであり，このことを第1章のQWLの定義に照らし合わせて考えるならば，QWLの内容（構成概念）の様相は個人によって多様であると考えるのは当然である。

　しかし，QWLに関する先行研究は測定の対象となる個々人の個性の多様性を十分に考慮せず母集団を特定，あるいは，人間の何についての多様性であるかを明確にしないまま人口統計学的属性によって母集団を定義してきた。

　例えば，母集団は，

$$母集団 = \{x \mid x は働く個人\} \quad (2.2)$$

あるいは，

$$母集団 = \{x \mid x は A 産業界で働く個人\} \quad (2.3)$$

あるいは，

$$母集団 = \{x \mid x は A 産業界の部分集合である a で働く個人\} \quad (2.4)$$

と定義されることがしばしばである。この定義に従うとき，各「働く人」たちの間に存在する産業，経営主体，職務，職場などの状況要因の質的差異，各「働く人」の社会・心理的特性の質的差異は標本抽出の際考慮する

余地がなくなる。これら質的差異を配慮し標本抽出を行うことは不可能に近いとする見方もあるが（渡辺と野口 1999），これら質的差異を無視して得られた研究結果が，各産業，職場の従業員の労働生活の改善や生産性の向上に資するとは考えにくい。

むしろ，その質的差異が想定されるものとは大きく懸け離れた誤差を生み出すと考えることのほうが自然であろう。それでは，いかに母集団を定義すべきか。様々なアプローチが考えられるが，最も基本となるのは，職務ごとに母集団を定義することである。つまり，

$$母集団 = \{x | x はAという職務に就く個人\} \qquad (2.5)$$

とすることである。同じ職務を共有する「働く個人」たちはその作業の特性ゆえに日常的に共通の経験を共有し，また，職務をその基本特性とする職場という環境が「働く個人」に提供する資源（給料，仕事量，昇進の機会など）種類とその数も職場ごとに大きく懸け離れることはないと考えられるからである。

しかし (2.5) の定義によってもなお，「働く個人」の特性を導入できていない。すなわち，これら人口統計学的分類の根拠とする特性や属性は，観察者である QWL 研究者が外側から半ば強引に個々人に押し付けているものであって，それら属性が個々人の多様な QWL の内容とどう関連しているのかについてアプリオリな説明を持ち合わせてはいない。(2.2)，(2.3)，(2.4)，(2.5)，のような仕方で母集団を定義し行われる研究をどんなに積み上げたとしても，QWL の内容の多様性を明らかにすることはできない。

このような作業は，単に属性による集団ごとの QWL の測定結果を積み上げることで，QWL の内容の多様性を帰納的に解明しようとする試みなのである。ポパーの言葉を引用するならば，「標本の要素をどれほど観察しつづけても，扱っているのが正しい標本であるということはできない」(Popper 1983)。そのような仕方で明らかにされると期待される，人口統計学的属性をもつ集団の QWL の内容はなぜ研究結果のような様相を呈しているのかについて論理的には説明されないまま残ってしまうのである。

では，QWLの内容の多様性を明らかにするうえで，人口統計学的属性とは異なる特性を一体どこに求めることができるのであろう。筆者は，「希求される欲求資源のパターンの違い」がこれにあたるのではないかと考える。希求される欲求資源のパターンが一人一人異なるということは，経験的には実に当然のことではあるが，筆者の知る限り「希求される欲求資源のパターンの違い」という属性を研究対象集団の分類のためにあらかじめ設定している研究は，QWL研究分野のみならず，その他人文社会科学分野においても見当たらないのが実情である。

その理由として，そもそも「希求される欲求資源のパターンの違い」が研究に援用できる形で定式化されていないためといえる。そこで筆者は，「希求される欲求資源のパターンの違い」を生態学の群集理論のニッチとギルドの概念に基づいて定式化を行う。その前に，生態学の群集理論における資源利用パターンの観点から見た多様性について整理したい。

2.2 ニッチとギルド

生態学において群集（communities）とは，任意の場所における種個体群の集まりと定義される（八杉ら 1998）。そして群集における多様性とは，任意の群集を構成する個体群の種数のことと，各種の個体数の相対的度合いの両方を意味する（佐藤 2001）。また，種の環境への依存状態から，種間競争，共存関係，あるいは，群集内の多様性を表現するためによく用いられているのが，Hutchinson（1957：425-427）が定義したニッチ（niche）である。

Hutchinsonは，種が個体群を維持できるn個の独立な環境条件それぞれの範囲によって表現される多次元的立体空間としてニッチを定義した。簡単化のために，2つの環境条件XとY，架空の$種_1$と$種_2$を考えてみたい。図2.6に，$種_1$と$種_2$のXとYでの生存可能範囲を2次元で表現した（Pianka 1978）。$種_1$にとってはY軸のy_1-y'_1とX軸のx_1-x'_1からなるN_1，$種_2$にとってはY軸のy_2-y'_2とX軸のx_2-x'_2からなるN_2がそれぞれの基本ニッチ（fundamental niche）である。

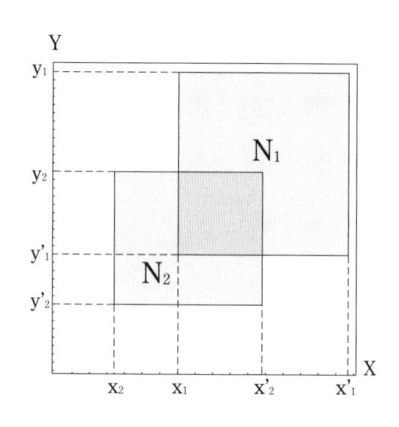

図2.6　ニッチの概念図

　N_1 と N_2 の重なり合う部分が大きくなるほど両種の競争は激しさが増す。そして N_1 と N_2 の重なりから発生する相互作用によって形成されるニッチを実現ニッチ（realized niche）と呼ぶ。換言すれば，基本ニッチは，種が個体群を維持するうえでの理想的な環境条件の集合であり，実現ニッチは，多種との競争という環境の状態によって理想的な環境条件（基本ニッチ）が抑圧されて形成される実際の環境条件の集合なのである。

　生態学では通常，ある個体が環境にフィット（fit）しているということは，その個体が次代に多くの子供を残すことができる状態にあることを指す。あるいは，環境を構成する環境条件と個体が持つ性質の双方が，生存期間や滞在期間を長じさせるように適合している場合，個体は環境にフィットしているということができる。

　資源利用の観点とニッチの概念を利用することで，環境条件を環境資源の有無と量の勾配で捉えるならば，個体が環境から生存に必要十分な資源を獲得できている場合，個体はその環境にフィットしていると考えられるようになる（図2.7）。知覚主体である個体の側からは，現在留まっている環境が生存期間や滞在期間を長じさせる条件を備えていると評価できると同時に，個体自らが実際に環境から必要量の資源を獲得していると評価できる程，個体は自らをその環境にフィットとしていると認識するであろう。

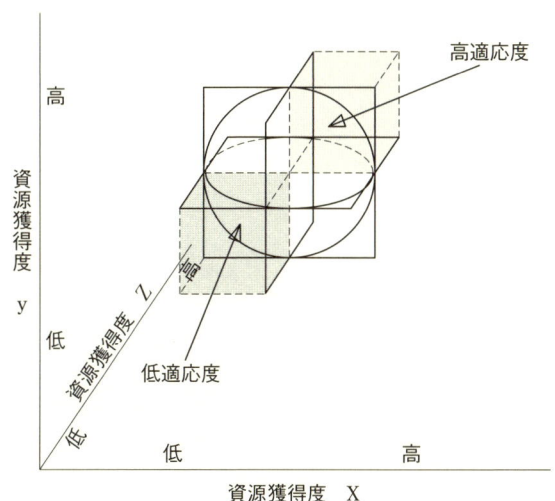

図 2.7 資源獲得度に沿った適応度

各資源獲得度が高いほど適応度が高くなる。各資源獲得度軸を高低で 2 分割した場合，図 2.7 では右奥の点線の立方体で囲まれた空間が高適応度であり，手前左の点線の立方体で囲まれた空間が低適応度である。

　この環境フィットをワーカーにあてはめるならば，「職場」という環境においてワーカーが必要な資源（e.g. 衣食住をもたらす給料，人間関係，成長の機会）を必要量獲得できている時，ワーカーはその「職場環境」にフィットしているということになる。

　さて，ニッチの概念を初めてソーシャルワークの世界に紹介したのはGermain (1985) である。ニッチを「生物学的コミュニティーにおける有機体としての種（a species）によって占められる地位（position）」とし，さらにヒューマンニッチ（human niche）については，DeLone (1979) のニッチの概念を援用し，平等権を含む権利（rights）の集合によって形成されると述べる。また，政治的，社会的，経済的構造における権力の誤用や圧力に多分に影響を受け，破壊的ニッチ（destructive niche）に強制的に追いやられた個人やグループのニッチの再編作業（restructuring）がソーシャルワークの大きな課題であると述べている（Germain と Gitterman 1996）。

この強制的なニッチ（forced niche）の概念は，社会環境における実現ニッチの概念に大変類似しているが，実現ニッチの前提である基本ニッチのアイデアが組み込みこまれてはいない。こうして，ソーシャルワークで使われるニッチは，環境における個人やグループの多様性を意味するというよりはむしろ，個人の社会における，ある時点での「地位」や「状態」の意味合いをもつようになった。そのためニッチの概念は，生態学的属性として研究に用いるにはやや抽象的であるといえる。ソーシャルワークがニッチというとき，基本ニッチと実現ニッチの両方のアイデアが必要なのではなかろうか。

　Hutchinson (1957) のニッチは，群集の多様性を計量的に表現する道を開いたとして，多くの生態学者に受け入れられる一方で，環境条件の範囲設定についての曖昧さという困難が指摘されている (Kolasa and Waltho 1998：64)。

　そこでRoot (1967)は，資源利用という観点から，ニッチよりも簡便な概念，ギルド (guild) を提出した。そして，ギルドを同じ環境資源を似た方法 (the same exploitation pattern) で利用する種グループ (a group of species) と定義した。ギルドがニッチに比べて簡便かつ便利である理由は，ギルドが環境の資源集合を定義することで，生物の資源利用について論理的に可能なパターンを観察よりも前にあらかじめ定義することができるからある。

　つまり，ギルドの概念は資源を利用する生物の側によって定義される側面と，環境の資源集合という客観的な「先在する環境特質 (preexisting environmental property)」としての側面の2つをもつのである。Giller (1984) は「先在する環境の特質」としてニッチを捉えなおしているが，このアイデアをギルドの概念に取り入れると，ギルドを生物の資源利用のパターンを環境の資源集合を定義することによって観察に先立って捉えなおすことができるのである。

　観察に先立ってギルドを定義することで，観察の関心は個人やグループがどのギルドに属しているかを知ることになる。

　それでは次に，このギルド概念を援用し，生態学，認知哲学等諸分野の

知見を組み込みながらギルド理論を構築し，このギルド理論から QOL の多様性モデルを演繹してみたい。

まず，次節にギルド理論の基本的枠組みを説明する。

第3節　ギルド理論

ここに示すギルド理論は，哲学的には意識について非還元主義の立場を取りつつ，環境，生物個体，観察者の関係について述べている。

3.1　ギルド理論の基本的枠組み

まず，ギルド理論の基本的な枠組みを述べる。ギルド理論は以下に述べる，4つの前提からなる。

定義1. 知覚主体の生物個体にとって環境 E とは，i 個の互いに独立な単位ベクトルとしての資源（$r_1, r_2,....r_i$）からなる環境の有限な資源集合である。$E=\{r_1, r_2,....r_i\}$ と置く。

前提1. E のべき集合 $P(E)$ [3]は，2^i 個の元を含む。その中には，S 個（$S={}_iC_i+{}_iC_{i-1}.....+{}_iC_2$）の2個以上の単位ベクトルからなる意味空間（semanticspace），i 個の意味ベクトル，1個の空集合 φ が存在する。

前提2. これら意味空間をギルド空間（guild spaces: $GS_1, GS_2....GS_i$），意味ベクトルをギルド・ベクトル（guild vecotrs: $Gr_1, Gr_2....Gr_i$）と呼ぶ。E において各生物個体の利用する資源の種数は各々異なり，各々の生物個体は自らが利用する資源の組み合わせに対応するギルド空間（$GS_1, GS_2....GS_i$），ギルド・ベクトル上に存在する（図2.8 を参照のこと）[4]。

第1部　QWLとその多様性に関する理論的枠組み

前提3. 外部の観察者には，ある時点において，ある生物個体がどのギルド空間，ギルド・ベクトルにいるか，その位置を知ることはできないが，観察者と観察対象の生物個体の間に事象を指示する手段が共有される時，かつ観察対象の生物個体がそれを観察者に自ら報告する時にのみ，観察者は，それを知ることができる。

以上がギルド理論の基本的な枠組みであるが，ギルド，定義1，前提1，前提2，前提3についてさらに詳しい解説をしたい。

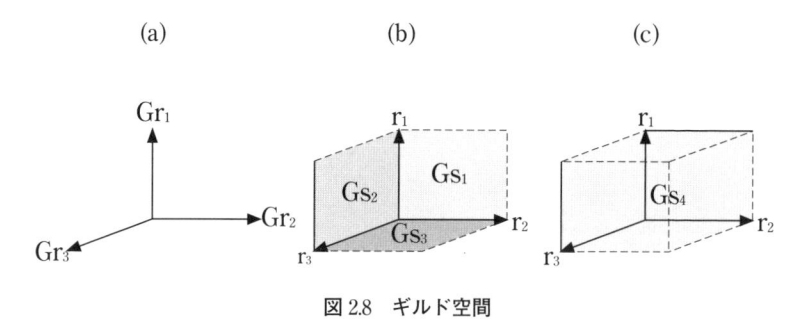

図 2.8　ギルド空間

環境の資源が3つ(r_1, r_2, r_3)の場合，ギルド・ベクトルがGr_1, Gr_2, Gr_3の3つ（図2.8-a），2次元ギルド空間がGs_1, Gs_2, Gs_3の3つ（図2.8-b），そして，3次元ギルド空間Gs_4が1つ存在する。

3.2　ギルド理論の概説

(1) 定義1について

もともと，ギルド（guild）とは，同じような資源を利用するニッチ（niche）をもつグループのことである。ギルドは，資源利用という観点から分類されるグループであり，この意味において，同じギルドの中に分類学的に近縁でない場合もありうる。

筆者は，さらにギルドとは「環境の資源集合を定義することによって客観的に先在する環境特質」と捉えなおした。そして，ギルドを最もわかりやすく定義するならば，定義1にあるように，環境の資源集合の部分集合がギルドなのである。もし環境にi個の異なる資源があるとすれば，それら

資源全ての組み合わせの総和数と空集合を足した数だけギルドが存在する。説明を簡単にするために，仮にある環境に，r_1, r_2, r_3 の3つの異なる資源があったとしよう。すると，考えられる組み合わせは，資源1つの場合の $\{r_1\}, \{r_2\}, \{r_3\}$ の3つ，資源2ずつの組み合わせ場合の $\{r_1, r_2\}, \{r_1, r_3\}, \{r_2, r_3\}$ の3つ，資源3つの場合は $\{r_1, r_2, r_3\}$ の1つ，そして，空集合 $\{\varphi\}$，すなわち，r_1, r_2, r_3 以外の資源を希求するギルド1つで，合計8つのギルドがその環境に存在することになる。

(2) 前提1と前提2について：意味空間と資源利用

人間を含む生物の棲む環境は，客観的な存在である。しかし，種によって知覚される環境の様子は実に様々である。生物は種によって異なる知覚系を持ち，また同種であっても各々個体によって異なる感覚経験をもつ。

Nagel（1974）は，「コウモリになるとはどのようなことか」と題する思考実験を試みている。哺乳類であるコウモリは，自らが出す超音波の反響を利用して対象を知覚する。コウモリの脳の神経解剖学的知識や知覚活動の神経生理学的な詳細にわたる知識をもつとしても，我々にはコウモリの知覚経験がどのようなものであるかを理解できない。

つまり知覚のメカニズムがどんなに詳細に解明されたとしても，知覚によって引き起こされる感覚経験は，第三者には決して知ることができない主観的性格をもつのである。この主張の正しさは，生物が各々異なる資源を利用することで生存を図っていることからも明らかだといえる。

ある生物にとって必要な資源は，他の生物にとっては必ずしもそうではない。それぞれの生物個体にとって環境にある資源の中には，生存するうえでは欠かせないものとそうでないものが混在しているのである。正村（2000：46）は，「人間を含め生物は，環境の中で生存しているが，環境は生物にとって最初から構造化された体系として存在しているのではない。客観的には同じであっても，生物にとって現れてくる環境は，生物に応じて変化する。生物にとっては，物理的環境も意味的世界として認識されるが，そうした生物と環境との有意味な関係を可能にしているのが意味的情報である」と述べる。Uexküll（1970）は，環世界（Unwelt）という概念

を構想し，知覚主体が知覚するものは知覚世界（Merkwelt）を構成し，作用するものは作用世界（Wirkwelt）になり，この知覚世界と作用世界が環世界をつくりあげているとしている。Uexküllは美食家とダニの譬えで次のように述べている。

美食家が菓子からレーズンだけを選りわけるように，ダニは自分の環境（Umgebung）の中のものから酪酸だけを選びだした。我々が興味をひかれるのは，レーズンがこの美食家にどのような味覚をもたらすのかということではなくて，レーズンが彼にとって生物学的意味をもっているため彼の環世界（Unwelt）の知覚標識になるという事実だけである。だから，我々には，ダニにとって酪酸がどんな匂いや味がするのかを問うのではなく，酪酸が生物学的重要なものとしてダニの知覚標識になるという事実にのみ注目する。

（日高敏隆・羽田節子訳『生物の世界』2005：27）

そして，美食家もダニもそれぞれレーズンと酪酸の知覚刺激を彼らの環世界における知覚標識，すなわち意味情報に変えるという。生物は知覚活動を通じ，自らを取り巻く世界から意味的情報を探索しながら，生存という目的達成のために様々な戦略を立てるのである。その意味において，環境は生物にとって，必要な資源の有無や数量の意味的情報からなる意味空間（semantic space），すなわちギルド空間と捉えることができるといえよう。そして，生物はそれぞれの資源利用パターンと環境からの資源に関する意味的情報に応じて棲息地を選択するのである。

Gibson（1979：128）は"A niche is a set of affordances"と述べる。すなわち，ある生物のニッチとは，その生物個体がいかなるアフォーダンスを環境から提供されるかによって決まるというのである。アフォーダンスの集合は結果としてそれぞれの生物に意味空間としての環境を提供する。ギルド空間は，アフォーダンスほどに複雑多岐な情報から構成される空間ではない。単位ベクトルからなる空間であり，それに環境が生物それぞれに提供する意味情報の内容とその程度により，意味空間を構成するベクト

ルが伸縮し，結果的に生物それぞれに異なる意味空間としてのニッチが現れてくると考えることができる。

(3) 前提3について：閉じられた一人称の知覚経験と主体の内にある意味空間

Nagel（1974）の主張の本来の目的は，意識には物理的科学では捉えきれない非物理的側面があり，意識の非還元性を主張することであった。対象の知り方や知覚・感覚経験は主観的であり，生物個体それぞれにしか知りえないものである。

さて，このような主観あるいは意識に対する非還元主義はかなり伝統のある立場で，それはバロック時代に活躍した数学者・哲学者であるライプニッツ（Libnitz）の主著『モナドロジー』 *Monadogie* にまで遡ることができる（Churchland 1995）。ライプニッツは次のように述べる。

一五　一つの表象から他の表象へ，変化や移行をひき起こす内的原理の働きを，なづけて欲求という。もちろん欲求がはたらいても，かならずしも目ざす表象の全体に，完全に到達できるとはかぎらない。しかし，いつもその努力から何かを得て，新しい表象に達することはたしかである。

一七　それはそうと，言っておかなくてはならないのは，表象も，表象に依存して動くものも，メカニックな理由，つまり形や運動などをもちだしては，説明がつかないということである。ものを考えたり，感じたり，知覚したりできる仕掛けの機械があるとする。その機械全体をおなじ割合で拡大し，風車小屋の中にでもはいるように，そのなかにはいってみたとする。だがその場合，機械の内部を探って，目に映るものといえば，部分部分が互いに動かしあっている姿だけで，表象について説明するにたりるものは，けっして発見できはしない。とすると，表象のありかは，複合体や機械のなかではなく，単一実体のなかでなくてはならなくなる。もう一歩すすめていうなら，単一実体のなかには，以上のこと，つまり表象とその変化しか見ることができない。またそれだけが，

第1部　QWLとその多様性に関する理論的枠組み

単一実体における内部作用の全部である。

(世界の名著25『モナドロジー』清水・竹田訳：440)

ライプニッツの議論に従えば，生物が環境から資源に関する意味的情報を抽出するという行為は観察者には知る術がない。となれば，観察者にとってある生物がどのギルド，つまり，どのギルド空間に位置するのかを知ることは不可能なことといえる。

この問題を解決するためには，対象となる事象を指示[5]する共通の言語や記号が観察者と観察対象の間に共有される必要がある。心理学では，被験者の主観的評価を信頼性・妥当性ともに確認された尺度を用いて測定しようとするが，このことを可能にしているのは，観察者と被験者の間に共通言語や記号が共有されているという前提が存在しているからである。

ギルド理論によって「希求される欲求資源のパターンの違い」に基づいて多様性を定式化することができた。次に，このギルド理論をQWLの多様性問題についてどのように応用できるかを述べる。

3.3　ギルド理論のQWLへの応用

ギルド理論を職場環境に純粋に援用するならば，QWLの多様性モデル[6]は，次のような仮説的命題からなる。

命題1.　職場環境 (work environment: WE) はi種類の互いに独立した単位ベクトルとしての欲求資源 (nd_1, nd_2, ...nd_i) で構成され，WEにはN人の人間が棲む。WE={nd_1, nd_2, ...nd_i} (定義1に従う時)。

命題2.　WEには互いに独立な単位ベクトルとしての欲求資源 (nd_1, nd_2, ...nd_i) の考えられる組み合わせ全ての総和数,S個 ($S={}_iC_i+{}_iC_{i-1}.....+{}_iC_2$) のギルド空間，i個のギルド・ベクトル，1個のφギルド・ベクトルが存在する (前提1に従う時)。

第 2 章　QWL の生態学

命題 3.　WE において人間にとって有意味な欲求資源の種数は各々異なり，各々人間は自らが利用する資源の組み合わせに対応するギルド空間内，ギルド・ベクトル上に存在する（前提 2 に従う時）。

では，命題 1，命題 2，命題 3 から QWL の定義，QWL=f（Σ need satisfaction level$_i$）の定義を導出してみよう。

まず，命題 1 の欲求資源集合 WE に対応する，各々欲求資源に対する満足度（nsl$_i$）からなる集合，

$$nsl = \{nsl_1, nsl_2, ... nsl_i\} \tag{2.6}$$

を定義し，nsl を i 次元からなる意味空間とする。i 次元空間の *nsl* は，その成分である i 個の実数の 1 組と 1 対 1 に対応する。それを，1 列行列で表すと，

$$nsl = \begin{pmatrix} nsl_1 \\ nsl_2 \\ \vdots \\ nsl_i \end{pmatrix} \tag{2.7}$$

となる。命題 2 と命題 3 に従い nsl$_i$ からなる意味空間，意味ベクトルを単位行列，*E* で表現する。ここでは nsl$_1$, nsl$_2$, nsl$_3$, 3 個の欲求資源を有意味とする任意の個人（またはグループ）を考える。このグループの意味空間の単位行列は，

$$E = \begin{pmatrix} 1 & 0 & 0 \\ 0 & 1 & 0 \\ 0 & 0 & 1 \end{pmatrix} \tag{2.8}$$

と表される。*E* を単位ベクトルに分解すると，

$$e_1 = \begin{pmatrix} 1 \\ 0 \\ 0 \end{pmatrix}, e_2 = \begin{pmatrix} 0 \\ 1 \\ 0 \end{pmatrix}, e_3 = \begin{pmatrix} 0 \\ 0 \\ 1 \end{pmatrix} \tag{2.9}$$

となる。これら単位ベクトルの和は，

第 1 部　QWL とその多様性に関する理論的枠組み

$$e_1 + e_2 + e_3 = \begin{pmatrix} 1 \\ 1 \\ 1 \end{pmatrix} \quad (2.10)$$

となり，この単位ベクトルの和の行列と nsl の内積を求めると，

$${}^t nsl\, E = \text{nsl}_1 e_1 + \text{nsl}_2 e_2 + \text{nsl}_3 e_3 \quad (2.11)$$

となり，この個人（またはグループ）の QWL のモデルが，QWL=f（Σ need satisfaction level$_i$）の形で導出される（e_i は演算における 1 の役割と同じであるから，(2.11) を nsl=ns$_1$+ns$_2$+ns$_3$ と便宜上表しても構わない）。因みに，${}^t nsl$ は，nsl の転置行列を表している。まとめると，nsl が nsl$_1$, nsl$_2$, nsl$_3$ からなる場合には，個人（またはグループ）は，欲求資源利用パターンに応じて 8 つのギルド（$G_1 \sim G_7$）のどれかに属する。そして，QWL の定義に従うとき，各ギルドの QWL はそれぞれ，

$$\begin{aligned}
&G_1 \text{の QWL}: \text{QWL}_1 = \text{nsl}_1 \\
&G_2 \text{の QWL}: \text{QWL}_2 = \text{nsl}_2 \\
&G_3 \text{の QWL}: \text{QWL}_3 = \text{nsl}_2 + \text{nsl}_3 \\
&G_4 \text{の QWL}: \text{QWL}_1 = \text{nsl}_1 \\
&G_5 \text{の QWL}: \text{QWL}_1 = \text{nsl}_1 + \text{nsl}_3 \\
&G_6 \text{の QWL}: \text{QWL}_1 = \text{nsl}_1 + \text{nsl}_2 \\
&G_7 \text{の QWL}: \text{QWL}_1 = \text{nsl}_1 + \text{nsl}_2 + \text{nsl}_3 \\
&G_8 \text{の QWL}: \text{QWL}_8 = \varphi
\end{aligned} \quad (2.12)$$

となるのである。

3.4　ギルド理論と QWL 多様性モデルの意義

ギルド理論と QWL の多様性モデルの主張「希求される欲求資源のパターンは個々人によって異なる」は，我々にとって至極当然な経験的事実であるにもかかわらず，このことが QWL 研究において具体的に議論されてこなかった理由として 2 つのことが考えられる。1 つは，生態学的特性（ニッチ，ギルド等）が社会科学において援用できる形で定式化されな

かったためであろう。もう1つは，人間行動の記述・予測を統計学に求めるという研究の仕方が一般的になっている今日，QWLの内容の多様性が人口統計学的属性に対応すると暗に了解してきたともいえる。「多数の記述対象の測定された状態を表す値は一定の分布規則に従う」ことが確率・統計的記述の真骨頂だが，では我々は本当に捉えるべき対象を捉えているのだろうか。このような疑問をギルド理論とQWLの多様性モデルは投げかけているのである。このことは，人事労務管理の実践については，ある個人のQWLの内容が一意的でないと警鐘を鳴らしたうえで，ワーカーをQWLアセスメント作業に積極的に招きいれることを奨励している。また，QWL研究については，これまでの観察対象の母集団の定義の仕方に対する反省を促すとともに，さまざまなグループから構成されているだろう標本集団を生態学的に分類する方法を示したという点で意義深いと考えられる。

第1部　QWLとその多様性に関する理論的枠組み

本章の要旨

　ギルド理論は，環境において各個人の欲求資源の利用パターンが異なると仮定する。すなわち，全ての個人が同じ欲求資源を希求・利用するわけではなく，ある個人がある一種の欲求資源を希求・利用する一方で，他の個人は複数の異なる欲求資源を希求・利用するのである。個人によって目前に広がる環境は異なる意味と価値をもっている。よって，ギルド理論から演繹されるQWLの多様性モデルは，自身が希求する欲求資源が充足されるほど，個人は高いQWLをもつという結論を導くのである。既存の心理学的アプローチは，個人の欲求資源の利用パターンの多様性によって観察対象の母集団を定義することはなかった。また，ギルド理論とQWLの多様性モデルは，観察対象の母集団の再定義，グループの分類の方法論に，環境における欲求資源の利用パターンの差異という新しいアプローチをもたらす可能性を秘めている。

第2章 QWLの生態学

【註】

1) 意識的状態とは，痛み，視覚体験など体験に基づく質感（qualia）をもつ状態を意味する（McLaughlin 1999）。
2) Gibson（1979：156）は「環境は，動物がなしうることをその中に含んでいる」として，アフォーダンスとはある動物にとってどのような行為が可能かということを環境がその動物に提供する環境特性と説明している。例えば，穴は隠れることをアフォードする。
3) べき集合（power set）とはある集合の部分集合全ての集合。N個の元からなる集合Aのべき集合は$P(A)$と表し，$P(A)$の部分集合の数は2^n個となる。例えば，集合Aを$A=\{x, y, z\}$と定義すると，下の通りになる。

$$P(A) = \{\{\varphi\}, \{x\}, \{y\}, \{z\}, \{x,y\}, \{x,z\}, \{y,z\}, \{x,y,z\}\}$$

また2つの有限集合AとBが与えられた時，

$$A^B$$

と書くことができる。そこで，$A=\{x, y, z\}$ $B=\{0, 1\}$とそれぞれ定義するとAからBへの写像は，次の8個のどれか1つで与えられる。

$$i\begin{cases}x \to 0\\y \to 0\\z \to 0\end{cases} \quad ii\begin{cases}x \to 1\\y \to 0\\z \to 0\end{cases} \quad iii\begin{cases}x \to 0\\y \to 1\\z \to 0\end{cases} \quad iv\begin{cases}x \to 0\\y \to 0\\z \to 1\end{cases}$$

$$v\begin{cases}x \to 1\\y \to 1\\z \to 0\end{cases} \quad vi\begin{cases}x \to 1\\y \to 0\\z \to 1\end{cases} \quad vii\begin{cases}x \to 0\\y \to 1\\z \to 1\end{cases} \quad viii\begin{cases}x \to 1\\y \to 1\\z \to 1\end{cases}$$

AからBへの写像を全て元とみなし，それをひとつの集合とみなして，

第 1 部　QWL とその多様性に関する理論的枠組み

$$\text{Map}(A,B) = \text{Map}(\{x,y,z\},\{0,1\})$$
$$= \{\{\varphi\},\{x\},\{y\},\{z\},\{x,y\},\{x,z\},\{y,z\},\{x,y,z\}\}$$

と書ける。なお，

$$P(A) = \text{Map}(A,B)$$

となる。

4) ギルド空間とギルド・ベクトル（$Gr_1, Gr_2,...Gr_j$）とは，各々生物個体が知覚を通じて得る，E の資源に関する有意味な情報からなる空間，ベクトルを指す（図 2.8）。
5) ここでは「指示」を，言語表現による対象の記述とする。「指示」については，野本和幸『現代の論理的意味論』岩波書店（1988）を参照されたい。
6) QWL の多様性モデルとあるがこれは，複数形の models を意味する。

【引用文献】

Churchland P.M.（1995）The Engine of Reason, the Seat of the Soul: A Philosophy Journey to the Brain. MIT Press.
DeLone R.：Small Futures（1979）Children, Inequality, anf the Limits of Liberal Reform. Harcourt Brace Jovanovich.
Germain C.B & Gitterman A.（1996）The life model of social work practice: advances in theory and practice. Columbia University Press.
Germain C.B.（1985）The Place of Community Work within an Ecological Approach to Social Work Practice. In Taylor S.H and Roberts R.W(ed.), Theories and Practice of Community Social Work. 30-55, Columbia University Press.
Gibson J.J.（1979）The Ecological Approach to Visual Perception. Houghton Miffilin Company.
Giller P.S.（1984）Community Structure and the Niche. Chapman and Hall.
Hutchinson G.E.（1957）Concluding Remarks. Cold Spring Harbor Symposia on Quantitative Biology, 22: 425-427.
Kolasa J and Waltho N（1998）A Hierarchical View of Habitat and Its Relationship to Species Abundance. In Peterson D.L, Parker V.T, Roberts D.W and Allen T.H.F（ed.）, Ecological Scale: Theory and Applications, 55-76, Columbia University Press.
Leibnitz G.W.（1714）Principes de la philopie ou Monadologie. 邦訳：工藤喜作ら訳（1969）『世界の名著25　スピノザ　ライプニッツ』中央公論社。
McLaughlin B.P.（1999）Philosophy of mind. Audi R（ed.）, The Cambridge Dictionary of Philosophy（2nd ed.）, 684-694, Cambridge University Press.
正村俊之（2000）『情報空間論』勁草書房。
Nagel, T.（1974）What is it Like to Be a Bat? The Philosophical Review 83,. 引用は Nagel, T.：What is it Like to Be a Bat? Lyons, W.（ed.）, Modern Philosophy of Mind, The Everyman Library（1995）にあたった。
Pianka, E. R.（1978）Evolutionary Ecology 2ed. Harper & Row, New York. 邦訳：エリック R. ピアンカ　伊藤嘉昭監修（1980）『進化生態学』蒼樹書房。

第1部　QWLとその多様性に関する理論的枠組み

Popper, K.R.(1983) Realism and the Aim of Science, Routledge. 邦訳：カール・ポパー　小河原誠・蔭山泰之・篠崎研二共訳（2002）『実在論と科学の目的（上）』岩波書店。

Root R.B.(1967) The niche exploitation pattern of the blue-gray gnatchatcher. Ecological Monograph, 37, 317-350.

佐藤宏明（2001）「群集生態学は何をめざしてきたか」佐藤宏明・山本智子・安田弘法編『群集生態学の現在』京都大学学術出版会。

Uexküll（1970）Streifzüge Durch Die Umwelten von Tieren und Menschen. S.Fisher Verlag GmbH, Frankfurt am Main. 邦訳：ユクスキュル／クリサート　日高敏隆・羽田節子訳（2005）『生物から見た世界』岩波書店。

八杉隆一ら編（1998）『岩波生物学辞典第4版 CD-ROM版』岩波書店。

第2部　QWL の多様性の実証的研究

第 3 章

仮説の特定化と分析方法

本章では前章までの議論を基に，その実証を試みる仮説を特定し，それら仮説の検証方法について述べる。

第 1 節　仮説的 QWL のモデル

仮説的 QWL モデルは，第 1 章で示した QWL の定義 (1.1) そのものであり，あとは欲求の集合を定義しなければならない。第 2 章の先行研究のレヴューで示された欲求を逐一リストに含むことも考えられるが，ここでは帰納的仮説設定はあえて避け，演繹的に仮説設定を行う。そこで第 1 章で概観した QWL と職務満足の理論のなかから，どれか 1 つの欲求理論を選択する。

まず結論から述べると，本研究では Alderfer の ERG 理論を採択することとした。今回，ERG 理論を採択する 1 つ目の理由は，Maslow の欲求階層理論が数多くの研究で実証されていないのに対し，ERG 理論は検証の数そのものは少ないものの，実証的な支持が確認されていることである (Alderfer 1969；Alderfer et. al. 1974)。

2 つ目の理由は，「オッカムの剃刀」に例えられる，科学理論の倹約性に由来する。通常，どの理論を採択するかは，先行研究の結果や，研究者各人がアプリオリに持つ仮説に照らし合わせて判断される。しかし，

QWLや職務満足に限らず，ある特定の心理・社会学的現象を説明する対抗理論が複数存在することは日常的であり，どの理論がとりわけ優れているかを判断することは困難であるといえよう。そこで理論やモデルを選択する際に用いられる1つの原理を導入する。それは，「オッカムの剃刀」(*Occam's razor*) [1]と呼ばれるものである。

"*Pluralitas non est ponenda sine neccesitate*"
「必然性がない限り，複数の物事を立ててはならない」（清水 1990：10）

つまり「同じ現象を記述・予測する理論が2つ以上ある時には，より単純な理論を採択せよ」という考えに基づいている。Maslowの5つの欲求カテゴリーを3つに単純化することを試みたERG理論にはこの精紳が反映されている。

残る2つの理論を採用しない理由として，McClellandの達成動機理論については，「権力」欲求が高齢者福祉施設スタッフになじまないこと，Herzbergの2要因理論については，理論導出に採用された想起法と臨界事象法による面接調査という方法論上の問題点が指摘されているためである（村杉 1987：50-51）。

AlderferのERG理論が示す，生存欲求，関係欲求，成長欲求の3つの欲求は汎用性に富み，欲求の概念の比較においても他理論が示す欲求の多くを含意すると考えられるため，本研究ではERG理論を採択する。よって，QWLに関する仮説を次のように特定化する。

［仮説1］　QWLは，存在欲求，関係欲求，成長欲求，これら3つの欲求充足に対する満足度によって構成される。

QWL or JS = { ENSL , RNSL , GNSL }

ここで，ENSL（Existence Need Satisfaction Level）は，存在欲求充足に対する満足度，RNSL（Relatedness Need Satisfaction Level）は，関係

欲求充足に対する満足度（なお，関係欲求には，上司との関係欲求，同僚との関係欲求），GNSL（Growth Need Satisfaction Level）は，成長欲求充足に対する満足度を表す。第4章で詳しく述べるが，本研究では，観測変数（質問項目）間の共通原因である構成概念（潜在変数）よりもさらに高次の構成概念を仮定した2次因子モデルを扱う。

第2節　QWLの多様性に関する仮説

QWLの多様性とは何かについては，第2章第3節および第4節で議論したとおりである。したがって，QWLの多様性に関する主な仮説は，次の2つである。

まず，ケアワーカーを対象母集団として仮定したうえで，ケアワーカーのQWLモデルに関する仮説を前節に示した仮説1とした。しかし，ギルド理論（定義1，前提1，前提2）が主張するように，ケアワーカーの母集団が複数のギルドグループから構成されている複合集団であるとするならば，ギルド理論の前提3が主張するように，被験者（ケアワーカー）それぞれに有意味な欲求を尋ねた場合，被験者それぞれの有意とする欲求の組み合わせは異なるはずである。よって，QWLの多様性に関する1つ目の仮説は次のとおりである。

[仮説 2.1]　被験者（ケアワーカー）それぞれの職場環境における有意味（重要）な欲求の組み合わせは，欲求全てを有意味とする組み合わせとする一意的なものではなく，その種類は，欲求の考えられる組み合わせ全ての総和数と全て無意味とする組み合わせの数に1を足し合わせただけ存在する。

次に，もし仮に仮説2.1のとおり，被験者群をギルドごとに分類できた場合，第2章第3節の（2.12）のように，ギルドごとにQWLモデルが与えられる。職場環境における知覚主体であるケアワーカーのQWLが，あ

くまで有意味とする欲求の充足に対する満足度の総和によって決定するならば，(2.12) の各ギルドの QWL モデルは，仮説 1 の QWL モデルよりも優れているはずである。よって，QWL の多様性に関する 2 つ目の仮説は次のとおりである。

[仮説 2.2] ギルドごとに与えられる QWL モデル（すなわち，有意味とする欲求の充足に対する満足度の総和）は，仮説 1 の QWL モデルよりも優れている。

第 3 節　研究方法

3.1　標本について

標本についてあらかじめ示しておく。2001 年 11 月初旬から 12 月末日にかけて近畿某市に所在地をもつ 37 施設（53 施設中）に勤務するケアワーカー（介護・看護職員および日常的にケア業務をしている生活指導員も含む）1749 名を対象に，QWL，全体的職務満足，職場継続意向，燃え尽き症候群，仕事以外の生活満足を問う質問項目，基本属性などの質問項目を掲載したアンケート票による職務意識調査を実施した。配布方法は，各施設にすでに封入されたアンケート票の人数分を送付し，各施設にケアワーカーに配布を依頼した。回答者の匿名性を保つために，各回答者は回答終了後，もともとアンケート票を封入していた封筒に再度これを封入・糊付けし，これを直接研究者宛に投函してもらった。最終的に 585 名からの回答があり回収率は 33.45% であった。そのうち 10 通が無効回答であると判断され，有効回答率は 32.86%（575 通）であった。

有効回答者の基本属性に関する基礎統計は表 3.1 に示すとおりである。性別では，男性が 85 名（14.78%），女性が 488 名（84.87%）であった。職種別にみると，介護職が 463 名（80.52%），看護職が 77 名（13.40%），生活指導員 35 名（6.09%）であった。雇用形態については，常勤が 378 名

第 3 章　仮説の特定化と分析方法

表 3.1　回答者の基本属性と基礎統計

基本属性		基礎統計	F 値	t 値
性別	男性	14.78%　(85 名)		
	女性	84.87%　(488 名)		
	不明	0.35%　(2 名)		
施設種	特別養護老人ホーム	69.64 %　(397 名)		
	養護老人ホーム	8.25 %　(47 名)		
	経費老人ホーム	3.16 %　(18 名)		
	デイサービス	18.95 %　(108 名)		
職種	介護職	80.52%　(463 名)		
	看護職	13.40%　(77 名)		
	生活指導員	6.09%　(35 名)		
雇用形態	常勤	65.74%　(378 名)		
	非常勤	28.35%　(163 名)		
	不明	5.91%　(34 名)		
最終学歴	大学院	0.17%　(1 名)		
	大学卒	16.17%　(93 名)		
	専門学校	33.22%　(191 名)		
	高校卒	30.96%　(178 名)		
	その他	3.30%　(21 名)		
	不明	1.39%　(8 名)		
平均年齢　全体		36.53 歳　SD = 11.65		
性別	男性	30.82 歳　SD = 8.42		t 値 =-6.926***
	女性	37.50 歳　SD = 11.87		
雇用形態別	常勤	34.66 歳　SD = 11.75		t 値 =-6.617***
	非常勤	41.23 歳　SD = 10.00		
職種別	介護職	35.58 歳　SD = 11.54	F 値 =9.163***	
	看護職	41.55 歳　SD = 10.79		
	生活指導員	37.94 歳　SD = 12.23		
勤続年数　全体		2.92 年　SD = 3.39		
性別	男性	2.94 年　SD = 4.74		t 値 =.084
	女性	2.90 年　SD = 3.70		
施設種別	特養	2.73 年　SD = 2.81	F 値 =3.416*	
	養護	4.13 年　SD = 4.81		
	経費	1.94 年　SD = 2.46		
	デイ	3.19 年　SD = 4.45		
雇用形態別	常勤	3.26 年　SD = 3.66		t 値 =5.651***
	非常勤	1.93 年　SD = 1.79		
職種別	介護職	2.92 年　SD = 3.50	F 値 =19.287***	
	看護職	2.56 年　SD = 2.42		
	生活指導員	3.67 年　SD = 3.69		
資格	介護福祉士	29.91%　(172 名)		
	ヘルパー資格	43.83%　(313 名)		

79

第 2 部　QWL の多様性の実証的研究

(65.74%)，非常勤が 163 名（28.35%），不明が 34 名（5.91%）であった。最終学歴については，専門学校の 191 名（33.22%）最も多く，次いで高校が 178 名（30.96%），大学が 93 名（16.17%），その他（中卒，高校中退など）が 21 名（3.30%）であった。

年齢については全体の平均年齢が 36.53 歳（SD=11.65）で，性別では男性 30.82 歳（SD=8.42）女性は 37.50 歳（SD=11.87）であった。雇用形態別では，常勤が 34.66 歳（SD=11.75）であるのに対し，非常勤は 41.23 歳（SD=10.00）と高く，t 検定の結果（t 値 =−6.617）からも非常勤の平均年齢は統計的有意に高いことが明らかになった。職種別でみると，看護職は 41.55 歳（SD=10.79）で最も高く，次いで生活指導員が 37.94 歳（SD=12.23），介護職が 35.58 歳（SD=11.54）であった。一元配置の分散分析の結果，職種間で平均年齢に差が見出された（F 値 =9.163）。

勤続年数については，全体の勤続年数が 2.92 年（SD=3.39），性別では男性が 2.94 年（SD=4.74），女性 2.90 年（SD=3.70）であった。雇用形態別でみると，常勤が 3.26 年（SD=3.66）と，非常勤の 1.93 年（SD=1.79）よりも明らかに高く，t 検定の結果（t 値 =5.651）からも常勤の勤続年数は非常勤のそれよりも統計的有意に高いことが明らかになった。職種別でみると，生活指導員は 3.67 年（SD=3.69）が最も長く，次いで介護職の 2.92 年（SD=3.50），看護職は 2.56 年（SD=2.42）であったが，一元配置の分散分析の結果，職種間で勤続年数に差は見出されなかった（F 値 =1.287）。

3.2　測定尺度

(1) QWL 測定尺度

QWL を測定する尺度として，表 3.2 に示す 18 項目からなる QWL 尺度（以下 QWLSCL とする）を開発した。表 3.3 に示すように職場環境における欲求資源は，ERG の欲求カテゴリーは職場環境での欲求に置き換えると，存在欲求は給与や福利厚生を含む待遇にあたり，関係欲求は上司との関係同僚との関係にあたり，成長欲求は昇進・昇格，働き甲斐，知識技能の発揮の機会，信念・信条の具現化の機会などを含む成長にあたると考え

表3.2 ERGカテゴリーによる質問項目の平均値と標準偏差

質 問 項 目	M	S.D.	N
待遇に対する満足（EXS）			
EXS01（Q1_24）給料は私の年齢や業務内容に見合っていると思う	2.82	1.07	572
EXS02（Q1_12）仕事の成果と給料は釣り合っていると思う	2.65	1.12	574
EXS03（Q1_26）給料は同僚と比べて適当だと思う	3.24	0.99	567
EXS04（Q1_21）職場の福利厚生は適切だと思う	3.14	1.08	567
同僚との関係満足（CLLG）			
CLLG01（Q1_30）私と同僚との関係は良いと思う	4.12	0.88	572
CLLG02（Q1_14）私と同僚との間には信頼関係が成り立っている	3.93	0.96	570
CLLG03（Q1_32）同僚は仕事のうえで協力的であると思う	4.38	0.93	573
CLLG04（Q1_27）職場の人間関係は良いと思う	3.85	1.02	572
CLLG05（Q1_9）職場のチームワークは良いと思う	3.94	1.15	570
上司との関係満足（SUPER）			
SUPER01（Q1_17）私と上司との関係は良いと思う	3.53	1.02	571
SUPER02（Q1_25）私と上司との間には信頼関係が成り立っている	3.64	0.96	569
SUPER03（Q1_8）上司は仕事について適切に指導監督してくれる	3.51	1.25	572
成長満足（GRWT）			
GRWT01（Q1_1）この仕事には熟練した技術が必要だと思う	4.53	1.05	572
GRWT02（Q1_31）この仕事は「やり甲斐のある仕事」だと思う	4.81	0.96	575
GRWT03（Q1_28）この仕事は私の信念・信条にかなうものである	3.89	1.00	572
GRWT04（Q1_2）私はこの仕事を通じて人間的に成長していると思う	4.51	0.88	574
GRWT05（Q1_36）この仕事で自分の持つ資格が活かせると思う	4.25	1.23	574
GRWT06（Q1_29）この仕事には幅広い知識が必要であると思う	5.03	0.94	573

第2部　QWLの多様性の実証的研究

表3.3　欲求資源のタイプ

欲求資源	職場における欲求（次元別QWL）
存在欲求	［待遇］　給与，福利厚生
関係欲求	［上司との関係］良好な関係，信頼関係，適切な指導
	［同僚との関係］良好な関係，信頼関係，共同関係
成長欲求	［成長］　昇進，働き甲斐，知識・技能の発揮，信念・信条の具現性

られる。

QWLSCLは，ERG理論の存在欲求，関係欲求，成長欲求の3つの概念に基づき，これら概念を職場環境に適用した際に導出される，存在欲求に対応する「待遇に対する満足」（4項目），関係欲求に対応する「上司との関係満足」（3項目），「同僚との関係満足」（5項目），成長欲求に対応する「成長に対する満足」（6項目）の4つの下位概念の測定を目的に開発した。全ての質問項目の回答は，"全く当てはまらない"から"非常によく当てはまる"の6段階評定で求めた[2]。各項目への回答，"非常によく当てはまる"に6点，"かなり当てはまる"に5点，"当てはまる"に4点，"あまり当てはまらない"に3点，"ほとんど当てはまらない"に2点，"全く当てはまらない"に1点を与えて得点化を行った。

各項目の平均点と標準偏差は表3.2に示すとおりであった。なお，QWLSCLの開発に際しては，Alderfer（1969）と日本語のワーディングについては安達（1998）の職務満足尺度を参考にした。

(2) 全体的職務満足と職場継続意向

全体的職務満足（overall job satisfaction）の測定には，「全体として私は今の仕事に満足している」の1項目を設定した（表3.4）。職場継続意向（intent to stay）の測定には，「私は，これからも今の職場で働き続けたいと思う」の1項目を設定した[3]。回答には，"全く当てはまらない"から

"非常によく当てはまる"の6段階評定で求めた。各項目への回答,"非常によく当てはまる"に6点,"かなり当てはまる"に5点,"当てはまる"に4点,"あまり当てはまらない"に3点,"ほとんど当てはまらない"に2点,"全く当てはまらない"に1点を与えて得点化した。

表3.4　全体的職務満足と職場継続意向

質問項目		M	S.D.	N
全体的職満足	全体として私は今の仕事に満足している	3.91	1.08	570
職場継続意向	私は,これからも今の職場で働き続けたいと思う	3.81	1.30	574

(3) バーンアウト尺度

バーンアウトの測定には,田尾と久保（1996）のバーンアウト尺度を使用した。本尺度は17項目からなる（表3.5）。本尺度は,MaslachとJacksonのMBI（Maslach Burnout Inventory）を翻訳改訂したものであり（田尾 1999),「脱人格化」（6項目),「個人的達成」（6項目),「情緒的消耗感」（5項目）の3概念を測定することを目的としている。本来,本尺度の回答には,各項目で尋ねられている事柄について最近6カ月位の間にどの程度発生したかを5件法で答えるように作成されているが,本研究では,日本人の中心回答傾向を避けるために,"全くない"から"いつもある"の6段階評定による回答を求めた。各項目への回答には,それぞれ"全くない"に1点,"ほとんどない"に2点,"あまりない"に3点,"時々ある"に4点,"しばしばある"に5点,"いつもある"に6点を与える。最終的に,因子分析で因子負荷量が0.4以上の項目を加算したものをそれぞれの得点として分析を行うことにする。

表 3.5　バーンアウト尺度

質問項目	M	S.D.	N
1.「こんな仕事，もうやめたい」と思うことがある	3.41	1.45	571
2. 我を忘れるほど仕事に熱中することがある	3.80	1.05	568
3. こまごまと気配りする事が面倒になることがある	3.41	1.12	570
4. この仕事は私の性分に合っていると思うことがある	4.24	1.06	567
5. 同僚や利用者の顔を見るのも嫌になることがある	2.80	1.25	562
6. 自分の仕事がつまらなく思えて仕方のないことがある	2.71	1.23	570
7. 一日の仕事が終わると「やっと終わった」と感じることがある	4.30	1.27	571
8. 出勤前，職場に出るのが嫌になって，家にいたいと思うことがある	3.39	1.40	570
9. 仕事を終えて，今日は気持ちの良い日だったと思うことがある	3.95	0.96	572
10. 同僚や利用者と，何も話したくなくなることがある	2.82	1.17	571
11. 仕事の結果はどうでもよいと思うことがある	2.59	1.15	570
12. 仕事のために心にゆとりがなくなったと感じることがある	3.82	1.29	571
13. 今の仕事に，心から喜びを感じることがある	4.06	1.01	572
14. 今の仕事は，私にとってあまり意味がないと思うことがある	2.28	1.11	572
15. 仕事が楽しくて，知らないうちに時間が過ぎることがある	3.65	1.12	572
16. 体も気持ちも疲れ果てたと思うことがある	4.12	1.08	571
17. 我ながら，仕事をうまくやり終えたと思うことがある	3.73	0.88	570

第4節　仮説の分析方法

4.1　QWL尺度の信頼性と妥当性の検証
　　　：仮説1の検証について（その1）

　仮説1を検証するには，次元（つまり職場環境における各欲求資源に対する満足）ごとに満足を表す潜在変数の背後にQWLという潜在変数が存在するかを検討する必要がある。本研究では図3.1に示すように，観測変数間の共通原因である構成概念（潜在変数）よりもさらに高次の構成概念を仮定した2次因子モデルを扱う。2次因子モデルの測定方程式は，

$$y = \Lambda_y(\Gamma\xi + \zeta) + \varepsilon \quad (3.1)$$

あるいは，

$$\eta = \Gamma\xi + \zeta \quad (3.2)$$

と表現される。図3.1のモデルは行列では，

$$\Gamma = \begin{bmatrix} \gamma_{11} \\ \gamma_{21} \\ \gamma_{31} \\ \gamma_{41} \\ \gamma_{51} \end{bmatrix}, \Phi = 1, diag\ \Psi = [\Psi_{11}\ \Psi_{22}\ \Psi_{33}\ \Psi_{44}\ \Psi_{55}] \quad (3.3)$$

Λ	1次因子負荷行列（p × m）
Γ	2次因子負荷行列（m × n）
Ξ	2次因子ベクトル（n × 1）
Z	2次因子誤差ベクトル（n × 1）
E	観測変数誤差ベクトル（p × 1）
Φ	2次因子共分散行列（n × n）
Ψ	1次因子誤差共分散行列（m × m）
Θ	観測変数誤差共分散行列（p × p）

第2部　QWLの多様性の実証的研究

と表現できる。

QWLSCLの信頼性と妥当性を検証すると同時に，QWLSCLの改定に必要な基礎知見を得るために，分析は次の2つの手順を踏まえて行う。

まず，5下位領域それぞれについて1因子モデルの検証的因子分析を行い，各下位領域の尺度の信頼性と妥当性を検証した。検証的因子分析の推定法には，ポリコリック相関行列（polychoric correlation matrix）と漸近的共分散行列（asymptotic covariance matrix）の逆行列から得る重みを用いた重み付き最小二乗法（weighted least squares estimation method: WLS）によって分析する。

因子負荷量 λ が0.4未満の項目（市川 1999：129），及び項目（観測変数）の誤差が他の項目の誤差と有意に相関のあるものを削除し[4]，尺度の修正を逐次行った。

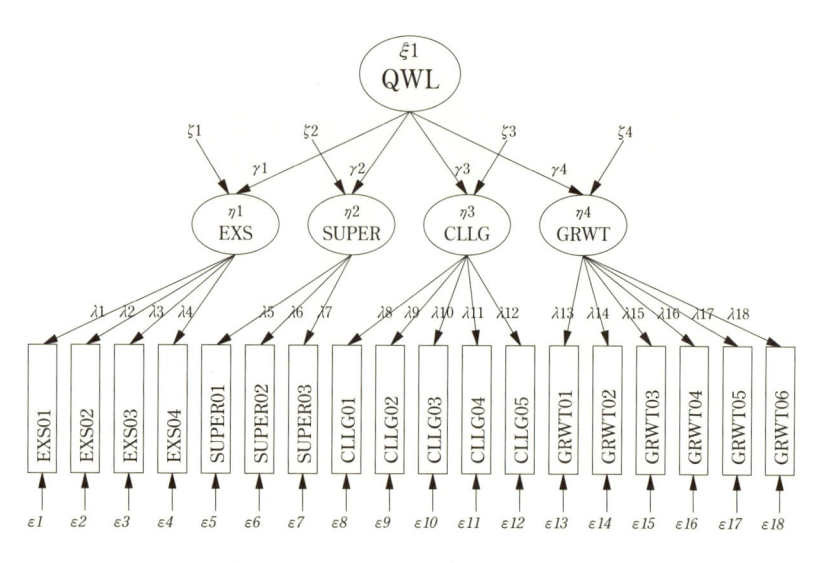

図3.1　仮説的QWLモデル：フルモデル

EXS：待遇に対する満足，SUPER：上司との関係に対する満足，CLLG：同僚との関係に対する満足，GRWT：成長満足

第 3 章　仮説の特定化と分析方法

　1 因子モデルの検証的因子分析の適合度判定には，χ^2 検定，RMSEA (Root Mean Square Error of Approximation)，GFI (Goodness Fit Index)，CFI (Comparative Fit Index) を用いた。χ^2 検定は 5%水準で帰無仮説が棄却されないとき，GIF はともに 0.9 以上（豊田 1998：173），CFI が 0.95 に近いとき（Hu and Bentler 1999:27），RMSEA は，0.06 以下（Hu and Bentler 1999：27）のときにモデルの適合度は良いと判断される。ただし，χ^2 値は標本数が大きくなればなるほどモデルを棄却するという性質をもつ。豊田（1998）と狩野（1997）は標本数が明らかに 500 より多い (n>500) 場合には，GFI, CFI, RMSEA が重要な適合指標としている。

　次に，検証的因子分析の結果，その妥当性が確認された各因子を同時に投入し，これらの因子が QWL を構成するか否かを確認するため，2 次因子モデルの検証的因子分析を行う。なお，QWL の 2 次因子モデルの適合の良さが示された場合，QWLSCL は弁別性と収束性を備える構成概念妥当性のある測定尺度であることが確認される。

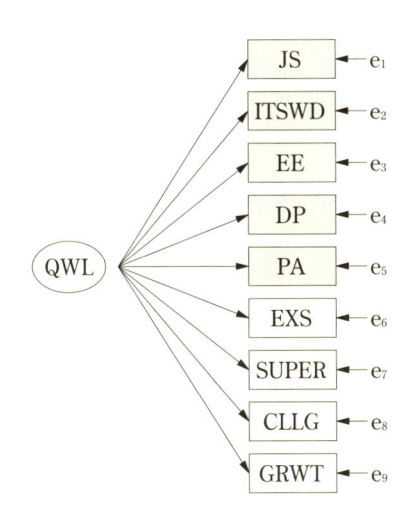

図 3.2　QWLSCL の併存的妥当性の検討

第2部　QWLの多様性の実証的研究

さらに，QWLSCLの基準関連妥当性の1つである併存的妥当性を検討するために，図3.2の1因子モデルを検討する。「待遇に対する満足」「上司との関係満足」「同僚との関係満足」「成長に対する満足」の4つの合成得点（表3.6）に併せて，全体的職務満足（JS）と職場継続意向（ITSWP）そしてバーンアウト：情緒的消耗感（EE），脱人格化（DP），個人的達成感（PA）それぞれの合成得点を観測変数として投入した時，これら全ての観測変数がQWLによって説明されるかを検討する。

4.2　全体的職務満足と職場継続意向のモデルの検証
：仮説1の検証について（その2）

本研究では，QWLの代替指標として全体的職務満足（質問票Q1_56）と職場継続意向（質問票Q1_19）を使用した場合にも，仮説1のモデルが支持されるか否か重回帰分析を用いて検証を試みる。全体的職務満足については，小野（1993）と中野・福渡（2002）の研究を引き継ぐものであり，職場継続意向については，環境フィットの観点からQWLを測定する指標として有力だと考えるからである。独立変数の操作化は，表3.6に示すとおりである。ただし，尺度の信頼性と妥当性の検証の結果，削除が必要と思われる独立変数（尺度）や質問項目は操作化に組み込まれることはない。

表3.6　独立変数の操作化

ERGカテゴリー	独立変数	操作化
EXISTENCE	待遇に対する満足（EXS）	EXS01 + EXS02 + EXS03 + EXS04
RELATEDNESS	上司との関係満足（SUPER）	SUPER01 + SUPER02 + SUPER03
	同僚との関係満足（CLLG）	CLLG01 + CLLG02 + CLLG03 + CLLG04+ CLLG05
GROWTH	成長満足（GRWT）	GRWT01 + GRWT02 + GRWT03 + GRWT04 + GRWT05 + GRWT06

4.3　ギルドの抽出：仮説2.1の検証について

仮説2.1のように，各々ケアワーカーによって職場環境における有意味な欲求資源の組み合わせが異なるのであるならば，与えられる欲求資源数に応じたギルドが抽出できるはずである。被験者をギルドごとに分類する方法として，表3.7のように各被験者から各欲求資源が有意味（あるいは重要）であるか否かを問う，バイナリーコード項目（binary code items）の回答を得ることにより被験者をギルドごとに分類できる（例えば，欲求資源が3つの場合，HE={n_1, n_2, n_3}を考え，「はい」と「いいえ」で回答してもらい，「はい」=1,「いいえ」=0を与える）。

1の値が与えられた欲求資源をリストにしていくと，この例では最大2^3=8種類のリストが与えられる。本研究では，ギルドバイナリーコードを付表Aの質問票問2のように，「以下のものの中から，現在のあなたの仕事とは関係なく，そもそもあなたにとって「仕事をする（働く）」上で重要だと感じているものの番号すべてに○をしてください。」とし，○が付された欲求資源には1を，そうでないものには0を与えることにする。

本研究では，ERG理論の3欲求資源を仮定しているので，2^3=8グループが抽出されるはずである。

表3.7　ギルドバイナリーコード

あてはまるものに○をつけてください		
n_1はあなたにとって重要ですか	1 = はい	0 = いいえ
n_2はあなたにとって重要ですか	1 = はい	0 = いいえ
n_3はあなたにとって重要ですか	1 = はい	0 = いいえ

被験者をギルドごとに分類するために本研究では，質問票（付録）の問2のように，存在欲求（EN）に対応するものに「待遇」，関係欲求に対応するものに「職場での良好な関係人間関係」，成長欲求に対応するものに

第2部　QWLの多様性の実証的研究

「成長」をあらかじめ設定し,「現在のあなたの仕事とは関係なく,そもそもあなたにとって「仕事をする（働く）」上で重要だと感じているものの番号すべてに○をしてください」との質問に回答してもらった。そして,被験者が有意味とする欲求資源の組み合わせごとにギルドを次のように定義した。

ギルド1（G1）= {RN}
ギルド2（G2）= {GN}
ギルド3（G3）= {RN, GN}
ギルド4（G4）= {EN}
ギルド5（G5）= {EN, RN}
ギルド6（G6）= {EN, GN}
ギルド7（G7）= {EN, RN, GN}
ギルド8（G8）= {φ}

仮に8つのギルドが抽出されギルドの分布が明らかになった場合,その各ギルドの生起確率は性別,職種別,そして施設種別と関連があるかを検討する。ここでは,クラス分けされた母集団は多項分布に従い,標本の観測度数（N）が十分大きいときには,多項分布で確率変数 X を次式（3.4）で求めると,X は自由度 $n-1$ の χ^2 分布に近似的に従うことが知られていることを利用する。

$$X = \sum_{i=1}^{n} \frac{(x_i - p_i N)^2}{p_i N} \quad (3.4)$$

ここで p_i は各ギルドに各個体が属する確率を示し $p_i N \geqq 5 (i=1, 2, ...n)$ ならば（3.4）の近似はよい。そこで大きさ N の標本の観測度数 x_i（$i=1, 2, ...n$）をもとに帰無仮説 H_0：「個体が各ギルド $G_1, G_2, ...G_n$ に属する確率を $p_1, p_2, ..., p_i$ である」として性別,職種別,そして施設種別に適合度検定を施すこととした。ただし,あるギルドの観測度数＞5の場合にはフィッシャーの正確確率検定を用いることとした。

また，ギルド別の発生確率（$p_1, p_2, ..., p_i$）を確率変数と見なしてギルドごとの観測度数 r_i はクラスごとには二項分布に従うと仮定し，p_i の事前分布をベータ分布とした二項-ベータ階層ベイズモデルを MCMC 法による推定を行う[5]。

4.4 QWL の多様性：仮説 2.2 の検証について（その 1）

仮説 2.1 の検証によってギルドの存在が明らかになれば，次は，QWL の内容がギルドごとに異なるのかを検証しなければならない。

それにはまず，仮説 1 の検証によって QWLSCL の信頼性と妥当性が確かめられる必要があるが，そうすれば，構造方程式モデリングの手法を用いて，ギルドごとに仮説的 QWL モデルが妥当なものであるか否かを検討できる。例えば，「待遇」と「成長」を重要とするギルド 6 には，「待遇に対する満足」「同僚との関係満足」「成長満足」の背後に QWL（という高次概念が存在する）モデルが，「待遇」「人間関係」「成長」の全てを重要とするギルド 7 には，「待遇に対する満足」「同僚との関係満足」「上司との関係満足」「成長満足」の背後に QWL が存在するというモデルが導き出される。

ギルドごとに与えられるモデルをそれぞれ検討することによってギルドごとに QWL の内容が異なるのか，すなわち，QWL の多様性は見出されるか否か検討できる。ギルドごとのモデルを単に検討するだけでなく，QWL が一意的であると仮定した場合の QWL モデル（図 3.1）と比較検討する必要がある（ただし，ギルド 7 のモデルは図 3.1 と同一のモデルであるため，モデルそのものの適合度を検討すればよい）。もし，ギルドごとのモデルが図 3.1 のモデルよりも優れてデータに適合していれば，QWL がギルドによってその内容が異なることを示す有力な証拠になる。

また，全体的職務満足と職場継続意向をそれぞれ QWL の代替指標とした場合について，ギルドごとにモデルが異なるか否か重回帰分析を用いて検討する。

しかし，ギルドごとにモデル評価を行うことにより分析上発生する問題

として，通常の統計解析を施すには少ない標本数しか持たないギルドが存在することが予想される。その場合の対処法として，グループごとに回帰係数が変動する階層ベイズ回帰を用いてギルドごとのモデル評価を行うこととする[6]。なお MCMC サンプリングには WinBugs（Lunn et al. 2000）を使用することとする。

第3章　仮説の特定化と分析方法

> **本章の要旨**
>
> まず QWL の定義と Alderfer の ERG 理論，そしてケアワーカーの QWL と職務満足に関する先行研究の展望，そしてギルド理論とそこから演繹されるケアワーカーの QWL とその多様性に関して次の3つの仮説を特定化した。
>
> [仮説 1]　QWL は，存在欲求，関係欲求，成長欲求，これら3つの欲求充足に対する満足度によって構成される。
>
> [仮説 2.1] ケアワーカーそれぞれの職場環境における有意味（重要）な欲求の組み合わせは，欲求全てを有意味とする組み合わせとする一意的なものではなく，その種類は，欲求の考えられる組み合わせ全ての総和数と全て無意味とする組み合わせの数を足し合わせただけ存在する。
>
> [仮説 2.2] ギルドごとに与えられる QWL モデル（すなわち，有意味とする欲求の充足に対する満足度の総和）は，仮説1の QWL モデルよりも優れている。

　[**仮説 1**] の検証については2次因子モデルを仮定した共分散構造分析による分析を行う。QWL の代替指標として全体的職務満足と職場継続意向を仮定した場合にも，仮説1のモデルが支持されるか否か重回帰分析を用いて検証する。

　[**仮説 2.1**] については，被験者が有意味とする欲求資源の組み合わせと定義されるギルドごとに観測度数および出現確率が性別，職種別，施設種別と独立しているか否かを χ^2 検定あるいはフィッシャーの正確確率検定を用いて検討する。また，各ギルドの出現確率が確率

的に差があるかを検討するために，二項−ベータ階層ベイズモデルをMCMC 法により推定し多重比較を行う。[**仮説 2.2**] については，仮説 1 で確認された QWL の 2 次因子モデル（フルモデル）とギルドごとに仮定される QWL の 2 次因子モデルを共分散構造分析，適合度指標によりどちらのモデルが優れているかを検討する。また，QWL の代替指標として全体的職務満足と職場継続意向を使用した場合にフルモデルとギルドごとに仮定されるモデルのいずれが優れているかを検討する。なお，ここでは独立変数が有意に全体的職務満足と職場継続意向を説明するか否かによって判断する。また，標本数が少ないギルドが存在することが予想されるので，階層回帰ベイズモデルによる推定も行う。

第3章　仮説の特定化と分析方法

【註】

1) 社会科学における「オッカムの剃刀」の使用については，Bernard（2000：52）に詳しい。
2) 単一項目尺度は内的一貫性（internal consistency reliability）を検討できないとの批判があるが。しかし，ScarpelloとCampbell（1983）が全体的職務満足の測定には複数項目尺度よりも単一項目尺度の方が優れていると結論づけたのを皮切りに，全体的職務満足と領域別職務満足の測定には，①単一項目尺度は表面的妥当性が高いこと，②複数項目尺度と単一項目尺度によって測定された全体的職務満足の得点は高い相関をもつことが明らかになっていること，加えて，③単一項目尺度のもつ簡便性と経済性を理由に単一項目尺度は積極的に利用されている（Nagy 2002）。離職意図（intent/ions to turnover），自己申告による職務遂行能力（job performance）等の測定についても単一項目尺度がその表面的妥当性ゆえに利用されており（Nagy 2002），本研究でもそれに従った。
3) 狩野・三浦（2002：154-156）は回答の中心化傾向を避けるために，4件法や6件法を採用することがあるとしている。
4) 項目の誤差間に相関が見出された場合，それら項目は何か共通のものを測っていると考えられる（Kline 1998：201）。あらかじめ項目間に共分散を仮定している場合を除いて，帰納的にこれを導入することはできない。また，因子分析が歴史的にデータの（相関・共分散）構造をできるだけ簡便に再現することを目的に利用されてきたこと（Hayduk 1996：18）を考慮すれば，項目の測定誤差があらかじめ仮定された因子とは別の因子の複数の項目の測定誤差と有意な相関が見出された場合，当初の因子モデルの修正を目的に，その項目を削除することは妥当であると考えられる。
5) なお，各変数はそれぞれ，

$$r_i \sim Bin(\theta_i, n_i)$$
$$p_i \sim Beta(\alpha, \beta)$$
$$\alpha \sim Exp(0.01)$$
$$\beta \sim Exp(0.01)$$

の通り，r_iは二項分布に，p_iはベータ分布に，αとβは指数関数にそれぞれ従う（〜は従うという意味である）と仮定する。つまり，r_iの確率関数は，

$$f(r_i|n_i,p_i) = \binom{n_i}{r_i} p_i^{r_i}(1-p_i)^{n_i-r_i}$$

観測データ $Xn\{x1, x2, ..., xn\}$ がパラメータｉの二項分布から独立に得られた場合には，この尤度関数に関する自然共役事前分布は次式の通り，パラメータが α と β のベータ分布であることが知られている（e.g. 安道 2010；中妻 2007；Spiegelhalter et al. 2004）。

$$g(p|\alpha,\beta) = \frac{1}{Beta(\alpha,\beta)} p^{\alpha-1}(1-p)^{\beta-1}, 0 \leq p \leq 1$$

そして，ベイズの定理より p_i の事後分布は，

$$h(p_i|r_i,n_i,\alpha,\beta) = g(p_i|\alpha+r_i, \beta+n_i-r_i)$$

となり，p_i のベイズ推定値 $\hat{p}_i$ は，

$$\hat{p}_i = \frac{\alpha+r_i}{(\alpha+\beta+n_i)}$$

となる。この事後分布から不変分布に収束したと判断されるまで MCMC サンプリングによりベイズ推定値 $\hat{i}_i$ を得ることとする。なお，MCMC サンプリングには WinBugs（Lunn et al. 2000）を使用した。なお，p の期待値と分散は次の通りである。

$$E(p) = \frac{\alpha}{\alpha+\beta}, \operatorname{Var}(p) = \frac{\alpha\beta}{(\alpha+\beta)^2(\alpha+\beta+1)}$$

また，ベータ関数は次式の通りである。

$$Beta(\alpha,\beta) = \int_0^1 t^{\alpha-1}(1-t)^{\beta-1}dt = \frac{\Gamma(\alpha)\Gamma(\beta)}{\Gamma(\alpha+\beta)}$$

どのような初期分布からでも推移を繰り返すことで不変分布に収束させることができるエルゴード的 MCMC という。エルゴード的とは，(Ω, F, P) を完備な確率空間とし，$\{T_t\}$ を確率空間上の流れとする時，時間平均が空間平均に一致するような次の3つの特徴（命題）が成り立つ場合をいう（十時

1971)。
(1)　$\{T_t\}$ − 不変な可測集合の測度は0か1である。
(2)　$\{T_t\}$ − 不変な可測関数はほとんど至るところで収束する。
(3)　任意の可積分な関数 f に対して

$$\lim_{t \to \infty} \frac{1}{t} \int_0^t f(T_s \omega) ds = \int_\Omega f dP$$

6)　ここでは，古谷（2008：118-120）に従い推定手順を示す。

$$y_i = X_i B + Z_i b_i + \varepsilon_i$$

ような回帰モデルでは，y_i, b_i, そして B についてそれぞれ

$$y_i \sim N(X_i B + Z_i b_i, \sigma_y^2)$$
$$b_i \sim N(0, \sigma_{bi}^2)$$
$$B \sim N(0, V_B)$$

のような事後分布をMCMCサンプリングより発生させる。
なお，X_i, y_i, B, Z_i, そして b_i はそれぞれ，

$$X_i = \begin{bmatrix} x_{i11} & \cdots & x_{i1k} \\ \vdots & \ddots & \vdots \\ x_{im1} & \cdots & x_{imk} \end{bmatrix}$$
$$y_i = [y_{i1}, \cdots, y_{im}]^T$$
$$B = \begin{bmatrix} \beta_{11} & \cdots & \beta_{1k} \\ \vdots & \ddots & \vdots \\ \beta_{m1} & \cdots & \beta_{mk} \end{bmatrix}$$
$$Z_i = \begin{bmatrix} z_{i11} & \cdots & z_{i1q} \\ \vdots & \ddots & \vdots \\ z_{im1} & \cdots & z_{imq} \end{bmatrix}$$
$$b_i = [b_{i1}, \cdots, b_{iq}]^T$$

MCMCサンプリング（ここではギブスサンプリング）には，

$$\sigma_y^2 \sim \eta_i \text{Var}(y_i) / \chi_\eta^2$$

の事前情報を，V_B には自由度 v と共分散に従う逆ウィシャート分布を，σ_{bi}^2 に

は，σ_{bi}^2の平均，V_Bとσ_{bi}^2の精度行列の逆行列との外積の正規分布をパラメータとする正規分布を事前分布としてそれぞれ与える必要がある。

$$V_B \sim IW(v, V)$$
$$\sigma_{bi}^2 / V_B \sim N(\overline{\sigma_{bi}^2}, V_B \otimes \Lambda^{-1})$$

【引用文献】

Alderfer, C.P. (1969) An empirical test of a new theory of human needs, Organizational Behavior and Human Decision Processes. 4(2): 142-175.
Barnerd, H.R. (2000) Social Research methods: qualitative and quantitative approaches. Sage Publications.
古谷知之（2010）『ベイズ統計データ分析：R&WINBUGS』朝倉書店。
Hayduk, L. (1996) Lisrel Issues, Debates, and Strategies. Johns Hopkins University Press.
Herzberg, F. (1966) Work and the nature of man. The World Publishing Company.
市川雅教（1999）「Question 64」『Q&Aで知る 統計データ解析 Dos and DON'Ts』繁桝算男・柳井晴夫・森敏昭編著，サイエンス社，129-130。
Jöreskog, K.G. and Sörbom, D. (2003) LISREL 8.54. Scientific Software International.
神部智司・島村直子・岡田進一（2002）「施設入所者のサービス満足度に関する研究——領域別満足度と総合的満足度の関連」『社会福祉学』43(1), 201-210。
狩野裕・三浦麻子（2002）『AMOS, EQS, CALISによるグラフィカル多変量解析——目で見る共分散構造分析』現代数学社。
Kline, R. (1998) Principles and Practice of Structural Equation Modeling. Guilford Press.
Lunn, D.J., Thomas, A., Best, N., and Spiegelhalter, D. (2000) WinBUGS —a Bayesian modelling framework: concepts, structure, and extensibility. Statistics and Computing, 10: 325-337.
Maslow, A.H. (1943) A theory of human motivation, Psychological-Review, 50, 370-396.
McClelland, D.C. (1951) Personality. William Sloane.
村杉健（1987）『組織の行動科学——モラール・モチベーション研究』税務経理協会。
Nagy, M.S. (2002) Using a single-item approach to measure facet job satisfaction. Journal of Occupational& Organizational Psychology, 75(5),

77-86.

中野隆之・福渡靖（2002）「介護スタッフの職務満足と生活満足――高齢者保健・福祉施設を中心に」『日本保健福祉学会誌』8, 7-19。

小野公一（1993）『職務満足と生活満足』白桃書房。

Santon, J. M., Bachiochi, P. D., Robie, C., Perez, L. M., and Smith, P. C. (2002) Revising the JDI Work Satisfaction Subscale: Insights Into Stress and Control, Educational and Psychological Measurement, 62 (5), 877-895.

Scarpello, V. and Campbell, J.P. (1983) Job satisfaction: Are all the parts there? Personal Psychology, 36, 577-600.

清水哲郎（1990）「元祖《オッカムの剃刀》――性能と使用法の分析」『季刊 哲学』11, 8-23。

冷水豊・浅野仁（1985）「全般的仕事満足の構造と要因分析」『社会老年学』22, 26-41。

Sirgy, M.J., Efraty, D., Siegel, P. and Lee, D. (2001) A New Measurement of Quality of Work Life (QWL) Based on Need Satisfaction Theories and Spillover, Social Indicators Research, 55, 241-302.

東條光雅・前田大作（1985）「次元別仕事満足度の要因分析」『社会老年学』22, 3-14。

豊田秀樹（1998）『共分散構造分析 入門編――構造方程式モデリング』朝倉書店。

第 3 章　仮説の特定化と分析方法

付表 A：質問票

問 1　あなたが仕事や生活全般について思っていることについてお伺いします。以下の項目を読んであなた自身にあてはまる番号（一つだけ）に○をして下さい。番号にはそれぞれ次のような意味があります。

　　1　全く当てはまらない　　2　ほとんど当てはまらない　　3　あまり当てはまらない
　　4　当てはまる　　5　かなり当てはまる　　6　非常によく当てはまる

1. この仕事には熟練した技術が必要だと思う	1-2-3-4-5-6
2. 私はこの仕事を通じて人間的に成長していると思う	1-2-3-4-5-6
3. 施設では，職員が業務について気軽に意見をいえる	1-2-3-4-5-6
4. 私は，この最近 6 カ月の間に今の職場をやめたいと思ったことがある	1-2-3-4-5-6
5. 施設での仕事は決められたことの繰り返しである	1-2-3-4-5-6
6. 施設では，職員は自分の仕事について意思決定権が十分与えられている	1-2-3-4-5-6
7. 自己を超える偉大な存在（神・仏・自然等）との繋がりは自分が他人を理解するのに役立っていると思う	1-2-3-4-5-6
8. 上司は仕事について適切に指導監督してくれる	1-2-3-4-5-6
9. 職場のチームワークは良いと思う	1-2-3-4-5-6
10. 私はこれからも今の「職種」の仕事を続けていきたい	1-2-3-4-5-6
11. 仕事について利用者から感謝される	1-2-3-4-5-6
12. 仕事の成果と給与は釣り合っていると思う	1-2-3-4-5-6
13. 仕事中に退屈することがある	1-2-3-4-5-6
14. 私と同僚との間には信頼関係が成り立っている	1-2-3-4-5-6
15. 私と利用者との間には信頼関係が成り立っている	1-2-3-4-5-6
16. 自己を超える偉大な存在（神・仏・自然等）との繋がりは自分の幸福に役立っていると思う	1-2-3-4-5-6
17. 私と上司との間には信頼関係が成り立っている	1-2-3-4-5-6
18. 私は，この最近 6 カ月の間に今の職種の仕事を辞めたいと思ったことがある	1-2-3-4-5-6
19. 私は，これからも今の職場で働き続けたいと思う	1-2-3-4-5-6
20. 私は職場のみんなに認められていると思う	1-2-3-4-5-6
21. 職場の福利厚生は適切だと思う	1-2-3-4-5-6
22. 私と利用者との関係は良いと思う	1-2-3-4-5-6
23. この施設に勤めていることを誇らしく思う	1-2-3-4-5-6
24. 給与は私の年齢や業務内容に見合っていると思う	1-2-3-4-5-6

第2部　QWLの多様性の実証的研究

25. 私と上司との関係は良いと思う	1-2-3-4-5-6
26. 給与は同僚と比べて適当だと思う	1-2-3-4-5-6
27. 職場の人間関係は良いと思う	1-2-3-4-5-6
28. この仕事は私の信念・信条にかなうものである	1-2-3-4-5-6
29. この仕事には幅広い知識が必要であると思う	1-2-3-4-5-6
30. 私と同僚との関係は良いと思う	1-2-3-4-5-6
31. この仕事は「やり甲斐のある仕事」だと思う	1-2-3-4-5-6
32. 同僚は仕事のうえで協力的であると思う	1-2-3-4-5-6
33. 高齢者と一緒にいて心地よいと感じる	1-2-3-4-5-6
34. 仕事で困ったときは家族（配偶者，兄弟姉妹など）に相談する	1-2-3-4-5-6
35. 自分自身で納得してこの仕事を選択した	1-2-3-4-5-6
36. この仕事で自分の持つ資格が活かせると思う	1-2-3-4-5-6
37. この仕事は社会に貢献する仕事であると思う	1-2-3-4-5-6
38. 良いケアをするために努力できる環境を作りたいと思う	1-2-3-4-5-6
39. 介護現場で一般的な社会とは違う価値（生産性を求めない等）を見出していると思う	1-2-3-4-5-6
40. 私は利用者の心理面を支えていくケアをしていると思う	1-2-3-4-5-6
41. この仕事は人間の尊厳や尊さに関わる仕事だと思う	1-2-3-4-5-6
42. 仕事で困ったときには職場以外の友人に相談する	1-2-3-4-5-6
43. 利用者の家族関係や友人関係を支えていくケアをしていると思う	1-2-3-4-5-6
44. 利用者の生命を支える身体や介護のケアをしていると思う	1-2-3-4-5-6
45. 利用者の自主性を尊重した援助方針の決定をしていると思う	1-2-3-4-5-6
46. 職場までの通勤時間に満足している	1-2-3-4-5-6
47. 一日でこなせる以上の仕事を一日でしなければならないことがよくある	1-2-3-4-5-6
48. 仕事の他に打ち込めるような自分の趣味を持っている	1-2-3-4-5-6
49. 仕事とプライベートをきっちりとわけている	1-2-3-4-5-6
50. 仕事以外の今の生活に満足している	1-2-3-4-5-6
51. 自分は価値のある人間であると思う	1-2-3-4-5-6
52. 物事を人並みにうまくやれると思う	1-2-3-4-5-6
53. 自分自身に満足している	1-2-3-4-5-6
54. 自分の人生に意味を見出していると思う	1-2-3-4-5-6
55. 厳しい状況の中で自己を超える偉大な存在（神・仏・自然等）との繋がりが役に立っていると思う	1-2-3-4-5-6
56. 全体として私は今の仕事に満足している	1-2-3-4-5-6

第3章　仮説の特定化と分析方法

問2　以下のものの中から，現在のあなたの仕事とは関係なく，そもそもあなたにとって「仕事をする（働く）」上で重要だと感じているものの番号すべてに○をしてください。

　　1　待遇（給与，福利厚生）　　2　成長　　3　職場での良好な人間関係
　　4　利用者との良好な関係　　5　自分の仕事に関する裁量権

問3　あなたは最近6カ月くらいのあいだに，次のような事をどの程度経験しましたか。右欄のあてはまると思う番号（一つだけ）に○をして下さい。番号にはそれぞれ次のような意味があります。

　　1　いつもある　　2　しばしばある　　3　時々ある　　4　あまりない
　　5　ほとんどない

1. 「こんな仕事，もうやめたい」と思うことがある　　　　　　　　1-2-3-4-5-6
2. 我を忘れるほど仕事に熱中することがある　　　　　　　　　　　1-2-3-4-5-6
3. こまごまと気配りする事が面倒になることがある　　　　　　　　1-2-3-4-5-6
4. この仕事は私の性分に合っていると思うことがある　　　　　　　1-2-3-4-5-6
5. 同僚や利用者の顔を見るのも嫌になることがある　　　　　　　　1-2-3-4-5-6
6. 自分の仕事がつまらなく思えて仕方のないことがある　　　　　　1-2-3-4-5-6
7. 一日の仕事が終わると「やっと終わった」と感じることがある　　1-2-3-4-5-6
8. 出勤前，職場に出るのが嫌になって，家にいたいと思うことがある　1-2-3-4-5-6
9. 仕事を終えて，今日は気持ちの良い日だったと思うことがある　　1-2-3-4-5-6
10. 同僚や利用者と，何も話したくなくなることがある　　　　　　　1-2-3-4-5-6
11. 仕事の結果はどうでもよいと思うことがある　　　　　　　　　　1-2-3-4-5-6
12. 仕事のために心にゆとりがなくなったと感じることがある　　　　1-2-3-4-5-6
13. 今の仕事に，心から喜びを感じることがある　　　　　　　　　　1-2-3-4-5-6
14. 今の仕事は，私にとってあまり意味がないと思うことがある　　　1-2-3-4-5-6
15. 仕事が楽しくて，知らないうちに時間が過ぎることがある　　　　1-2-3-4-5-6
16. 体も気持ちも疲れ果てたと思うことがある　　　　　　　　　　　1-2-3-4-5-6
17. 我ながら，仕事をうまくやり終えたと思うことがある　　　　　　1-2-3-4-5-6

第 2 部　QWL の多様性の実証的研究

問 4　最後にあなた自身のことについてお尋ねします。以下のそれぞれの項目であてはまる番号に○をして下さい。

a.　性別　　　　　1　男性　　　　2　女性
b.　年齢　　＿＿＿＿歳
c.　施設での職種を明記してください。　　　（介護職，看護職，生活指導員など）
d.　今の職種に就いてどれくらいたちますか？　　＿＿＿＿年　　＿＿＿＿ケ月
e.　今の職場での勤続年数をおかきください。　　　年　　　　ケ月

f.　今働いている施設は次のどの種類に該当しますか？
　　1　特別養護老人施設　　2　養護老人ホーム
　　3　軽費老人ホーム（ケアハウス含む）　　4 通所介護施設（デイサービス）

g.　結婚について
　　1　独身　　2　既婚

h.　学歴について
　　1　高校卒業　　2　専門学校卒業　　3　短期大学卒業
　　4　大学卒業　　5　その他

i.　福祉系の学校に通いましたか？
　　1　はい　　2　いいえ
　i-2.「はい」のかたは該当するものに○をして下さい。
　　1　専門学校卒業　　2　短期大学卒業　　3　大学卒業　　4 その他

j.　雇用形態
　　1　常勤　　2　非常勤（パート）

k.　社会福祉士の資格を持っていますか？
　　1　はい　　2　いいえ

l.　介護福祉士の資格をもっていますか？
　　1　はい　　2　いいえ
　l-2.「はい」のかたはどのように資格を取得しましたか？
　　1　専門学校で取得　　　2　国家試験合格

m.　ヘルパーの資格をもっていますか？
　　1　はい　　2　いいえ

m-2.「はい」と答えた方は何級をお持ちですか？
　　　＿＿＿級

n.　信仰・信心している宗教はありますか？
　　　1　はい　　2　いいえ
n-2.「はい」のかたは何の宗教を信仰されていますか？
　　　1　仏教　　2　神道　　3　キリスト教　　4　その他（具体的に）
n-3.上記の宗教はあなたにとって重要ですか。
　　　1　全く重要でない　　2　あまり重要でない　　3　それなりに重要
　　　4　非常に重要

o.　介護保険制度施行によって以前と比べて仕事に何か変化はありましたか？
自由にお書きください。

第 4 章

仮説の検証と考察

第 1 節　QWL 尺度の検証的因子分析の結果
　　　　　：仮説 1 の検証（その 1）

　本章では，仮説的 QWL モデル（仮説 1）と QWL の多様性仮説（仮説 2）を検証する。
　まず，仮説的 QWL モデルの検証を行うが，この作業は QWLSCL の妥当性と信頼性を検討することと等しい。つまり，職場環境における各欲求に対する満足（領域別職務満足）を測定する下位尺度の妥当性と信頼性が確認されることに加えて，それら下位尺度の背後に QWL という潜在変数が存在するかが確認されなければならない。ここでは，構造方程式モデリングを用いて一連の検証作業を行った。

1.1　1 因子モデルの検証的因子分析の結果

　表 4.1 に 1 因子モデルの検証的因子分析の結果を示した。まず，「上司との関係満足」については，項目数が 3 なので必然的に自由度 0 の飽和モデル（完全適合）となる。因子負荷量 λ は全て 0.4 を上回り，t 値も全て 1％水準で有意であった。
　「待遇に対する満足」については，4 項目とも高い因子負荷量（0.7 以上）をもち，t 値も全て 1％水準で有意であった。適合度も全ての指標（$\chi^2(2)$

第 2 部　QWL の多様性の実証的研究

表 4.1　1 因子モデルの検証的因子分析の結果

因子	χ^2(df)	P 値	GFI	RMSEA	CFI
待遇に対する満足（k=4）	.194 (2)	.955	1.000	.000	1.000
同僚との関係満足（k=4）	.663 (2)	.727	.999	.000	1.000
上司との関係満足（k=3）	.000 (0)	1.000	—	.000	—
成長満足（k=5）	5.700 (5)	.375	.998	.011	.999

k は質問項目数。
註)「上司との関係満足」は項目数 k が 3 であり飽和モデルである。

=.194, GFI=1.000, CFI=1.000, RMSEA=.000) でこのモデルの当てはまりの良さを支持している。

「同僚との関係満足」については，項目番号 CLLG05 の誤差が他の 2 つの項目（CLLG02 と CLLG03）の誤差と有意な相関関係が認められたため，これを削除し，残りの 4 項目で再び 1 因子モデルの検証的因子分析を行ったところ，4 項目とも高い因子負荷量 λ（0.7 以上）をもち，t 値も全て 1％水準で有意であった。適合度も全ての指標（$\chi^2(2)$=.663, RMSEA=.000, GFI=.999, AGFI=.999, CFI=1.000) でこのモデルの当てはまりの良さを支持した。

「成長満足」については，GRWT01 の誤差が他の 2 つの項目（GRWT04 と GRWT05）の誤差と有意な相関関係が認められたため，これを削除し，残りの 5 項目で再び 1 因子モデルの検証的因子分析を行ったところ，5 項目全て因子負荷量は 0.4 よりも高く，t 値も全て 1％水準で有意であった。適合度も全ての指標（$\chi^2(5)$=5.700, RMSEA=.011, GFI=.998, AGFI=.995, CFI=.999) でこのモデルの当てはまりの良さを支持した。

1.2　2 次因子モデルの検証的因子分析の結果

1 因子モデルの検証的因子分析の結果を踏まえて，「同僚との関係満足」の CLLG01,「成長満足」の GRWT01 の 2 項目を除く 16 項目に 2 次因子モデルの検証的因子分析を施した。表 4.2 に検証的 2 次因子モデルの検証

表4.2 2次因子モデルの検証的因子分析の結果

モデル	χ^2(df)	P値	RMSEA	GFI	CFI	AIC
モデル1	322.021 (100)	.000	.065	.974	.973	394.021
モデル2	244.885 (86)	.000	.058	.984	.978	312.885

的因子分析の結果の要約を示した。まず,16項目による4つの下位構成概念(「待遇に対する満足」「同僚との関係満足」「上司との関係満足」「成長満足」)がQWLとして1次概念に収束するか否かを検討したモデル1については,GFI=.974,CFI=.973の指標はモデルの適合の良さを支持しているといえるが,RMSEAは,カットオフポイントである.06を上回った。修正指標によれば,SUPER03の誤差は,他の7つの項目(EXS01,EXS03,EXS04,CLLG01,CLLG02,CLLG04,GRWT02)の誤差と有意な相関関係が認められた。この結果を踏まえ,SUPER03を除いた残りの15項目を再度2次因子モデルの検証的因子分析にかけた。

15項目,4下位構成概念(「待遇に対する満足」「同僚との関係満足」「上司との関係満足」「成長満足」)の背後にQWLという高次の概念が存在するか否かを検討したモデル2について詳細な結果を表4.3に示す。まず,モデル適合度については,GFI=.984,CFI=.978,RMSEA=.058のどの指標もモデル2の適合の良さを支持しているといえる。

AICの比較でも,モデル2のAICの値は,モデル1のそれを下回り,この結果はモデル2の採択を奨めるものである。15項目の1次因子の因子負荷量λは全て0.4を上回り,各下位領域からQWLに対しても,全ての2次因子の因子負荷量γは0.4を上回った。また,全ての1次因子と2次因子の因子負荷量γのt値は全て1%水準で有意であった。

以上のように,QWLSCLはERGカテゴリーに一致する下位概念(「待遇に対する満足」「同僚との関係満足」「上司との関係満足」「成長満足」)を測定し,また,仮説1のQWLモデルの通り,これら下位概念はQWL(1次元概念)を導かれていることが明らかとなった。このことは,QWLSCLが収束性と弁別性を備えていることを示しており,QWLSCLの構成概念妥当性が確認されたといえる。

第2部 QWLの多様性の実証的研究

表4.3 2次因子モデルの検証的因子分析の結果

	質問項目		待遇	同僚関係	上司関係	成長	SMC	ρ_γ
1階因子負荷 ($\eta_{1\sim4}$)								
η_1	EXS01	給料は私の年齢や業務内容に見合っていると思う	.970	—	—	—	.942	.891
	EXS02	仕事の成果と給料は釣り合っていると思う	.866	—	—	—	.761	
	EXS03	給料は同僚と比べて適当だと思う	.777	—	—	—	.610	
	EXS04	職場の福利厚生は適切だと思う	.641	—	—	—	.421	
η_2	SUPER01	私と上司との関係は良いと思う	—	.955	—	—	.901	.915
	SUPER02	私と上司との間には信頼関係が成り立っている	—	.936	—	—	.888	
η_3	CLLG01	私と同僚との関係は良いと思う	—	—	.935	—	.883	.935
	CLLG02	私と同僚との間には信頼関係が成り立っている	—	—	.903	—	.817	
	CLLG03	同僚は仕事のうえで協力的であると思う	—	—	.871	—	.780	
	CLLG04	職場の人間関係は良いと思う	—	—	.825	—	.671	
η_4	GRWT02	この仕事は「やり甲斐のある仕事」だと思う	—	—	—	.843	.708	.815
	GRWT03	この仕事は私の信念・信条にかなうものである	—	—	—	.743	.562	
	GRWT04	私はこの仕事を通じて人間的に成長していると思う	—	—	—	.718	.508	
	GRWT05	この仕事で自分の持つ資格が活かせると思う	—	—	—	.599	.364	
	GRWT06	この仕事には幅広い知識が必要であると思う	—	—	—	.578	.337	
2階因子負荷								
γ_1	上司との関係満足		.897					.768
	成長満足		.685					
	同僚との関係満足		.661					
	待遇に対する満足		.409					

$\chi^2(86)=244.885$, p=.000, GFI=.984, CFI=.978, RMSEA=.058
1次因子の因子負荷量 λ および 2次因子負荷量 γ は標準化されている。

1.3 QWLSCL の基準関連妥当性の検討
： 職務満足，職場継続意向，バーンアウトとの関連

図 3.1 を検討する前に，QWLSCL との併存性を検証する全体的職務満足と職場継続意向そしてバーンアウトの情緒的消耗感，脱人格化，個人的達成感の得点を求めなければならない。全体的職務満足と職場継続意向はそれぞれ単一項目尺度であり，回答によって 1 点から 6 点を与える。バーンアウト尺度は 17 項目（表 3.5）で 3 因子（情緒的消耗感，脱人格化，個人的達成感）を測定するために作成されているものであり，まず，本研究の標本から得たデータにおいてもバーンアウト尺度に因子妥当性があるかを検討しなければならない。

そこで，17 項目に主因子法とバリマックス回転による因子分析を施したところ，表 4.4 に示すとおり田尾と久保（1996）の先行研究とほぼ同様に全ての項目が想定された概念ごとに収束した。下位尺度ごとの信頼性係数 α を求めたところ，「脱人格化」=.776，「個人的達成」=.844，「情緒的消耗感」=.809 であり，下位尺度全ての信頼性が確認された。この結果と田尾と久保（1996）らによる先行研究に従い，情緒的消耗感，脱人格化，個人的達成感はそれぞれ表 4.5 に示すように操作化を行い得点化し観測変数化した。

全体的職務満足と職場継続意向そしてバーンアウトの情緒的消耗感，脱人格化，個人的達成感をそれぞれ観測変数化したところで，次に，QWLSCL の基準関連妥当性を検討するために図 3.2 の 1 因子モデルを検討するために検証的因子分析を施した。まず，モデルの当てはまりについては，全ての適合度指標（$\chi^2(27)$=2.607, GFI=.999, CFI=1.000, RMSEA=.000）でこのモデルがデータに非常によく適合していることを示している。

また，QWL から全体的職務満足と職場継続意向，そしてバーンアウトの情緒的消耗感，脱人格化，個人的達成感への因子負荷量 λ も全て .56 を上回っていることが示された（表 4.4）。これらのことから，QWLSCL は基準関連妥当性のある測定尺度であることが確認された。

第2部　QWLの多様性の実証的研究

表4.4　バーンアウト尺度の因子負荷量

質問項目	脱人格化	個人的達成	情緒的消耗感	h^2
6. 自分の仕事がつまらなく思えて仕方のないことがある	.704	−.217	.207	.585
5. 同僚や利用者の顔を見るのも嫌になることがある	.677	−.072	.311	.560
10. 同僚や利用者と，何も話したくなくなることがある	.667	.024	.283	.525
14. 今の仕事は，私にとってあまり意味がないと思うことがある	.642	−.327	.070	.525
11. 仕事の結果はどうでもよいと思うことがある	.569	−.181	.229	.409
3. こまごまと気配りする事が面倒になることがある	.483	−.181	.354	.392
13. 今の仕事に，心から喜びを感じることがある	−.326	.722	−.081	.634
15. 仕事が楽しくて，知らないうちに時間が過ぎることがある	−.225	.593	−.234	.457
2. 我を忘れるほど仕事に熱中することがある	−.016	.561	.105	.326
9. 仕事を終えて，今日は気持ちの良い日だったと思うことがある	−.137	.543	−.153	.337
4. この仕事は私の性分に合っていると思うことがある	−.330	.533	−.167	.421
17. 我ながら，仕事をうまくやり終えたと思うことがある	.017	.485	−.099	.245
16. 体も気持ちも疲れ果てたと思うことがある	.161	−.096	.778	.641
12. 仕事のために心にゆとりがなくなったと感じることがある	.326	.007	.658	.539
8. 出勤前，職場に出るのが嫌になって，家にいたいと思うことがある	.478	−.226	.511	.541
1.「こんな仕事，もうやめたい」と思うことがある	.484	−.217	.497	.528
7. 一日の仕事が終わると「やっと終わった」と感じることがある	.219	−.156	.453	.277
固有値	6.204	2.067	1.212	

表4.5　次元別バーンアウトの操作化

バーンアウト	操作化
情緒的消耗感	Q5_5 + Q5_6 + Q5_10 + Q5_14 + Q5_11 + Q5_3
脱人格化	Q5_13 + Q5_15 + Q5_2 + Q5_9 + Q5_4 + Q5_17
個人的達成感	Q5_16 + Q5_12 + Q5_8 + Q5_1 + Q5_7

表 4.6　QWL の従属変数に対する予測精度の検証結果

従属変数	推定値（t 値）	R^2
全体的職務満足	.861（17.655）***	.747
滞職場意向	.771（15.891）***	.595
燃え尽き症候群		
達成感	.566（7.921）***	.320
情緒的消耗感	−.609（−7.799）***	.367
脱人格化	−.582（−8.558）***	.339

***p<.000

1.4　QWLSCL の信頼性

QWLSCL の信頼性については，次式によって信頼性係数 ργ を算出した。

$$\rho\gamma = \frac{\left(\sum_{i=1}^{K} b_i\right)^2}{\left(\sum_{i=1}^{K} b_i\right)^2 + \sum_{i=1}^{K} \theta_{ii}} \tag{4.1}$$

ここで，b_i は因子負荷量を，θ_{ii} は質問項目の誤差分散を表す。因子（尺度）ごとに信頼性係数 ργ を算出したところ，QWL=.768,「待遇に対する満足」=.891,「同僚との関係満足」=.935,「上司との関係満足」=.915,「成長満足」=.815 という値を得，全ての尺度の信頼性が確認された。これらの結果を総合すると，最終的に採択された 15 項目による QWLSCL の信頼性と妥当性は確認されたといえる。同時に，モデル 2 の 2 次因子モデルが採択されたことから，仮説 1 は支持されたといえる。

113

第2節 職務満足と職場継続意向に関する分析：仮説1の検証（その2）

ここでは，全体的職務満足（JS）と職場継続意向（ITSWP）をそれぞれQWLの代替指標とした場合，仮説1のとおり3つの欲求充足に対する満足がこれら2つの従属変数をそれぞれ充分説明できるか否かを検討する。ここでは，4つの領域別職務満足（「待遇に対する満足」（EXS），「同僚との関係満足」（CLLG），「上司との関係満足」（SUPER），「成長満足」（GRWT））を全体的職務満足と職場継続意向にそれぞれ回帰させる。よって，

$$JS = a_0 + b_{01}EXS + b_{02}CLLG + b_{03}SUPER + b_{04}GRWT + \varepsilon \qquad (4.2)$$
$$ITSWP = a_0 + b_{01}EXS + b_{02}CLLG + b_{03}SUPER + b_{04}GRWT + \varepsilon \qquad (4.3)$$

とする線形回帰モデルをそれぞれ仮定する。ここで，a_0 は定数項，b_{0i} は回帰係数，ε は誤差項である。

2.1 QWLの代替指標としての全体的職務満足について

まず，全体的職務満足に（4.2）式の回帰を行った結果を表4.7に示す。全体的職務満足への影響の度合いを示す指標である標準化係数（β）をみると，「待遇に対する満足」=.156，「同僚との関係満足」=.122，「上司との関係満足」=.140，「成長満足」=.375であり，全てが1%水準で全体的職務満足を有意に説明することに成功している。（4.2）式のモデルの決定係数（R^2）は.329であり，モデルの有効性を検定する分散分析では，F値=65.602で，0.1%水準で有意であることが明らかとなった。したがって，（4.2）式のモデルは全体的職務満足のモデルとして有効であるといえる。

第4章 仮説の検証と考察

表4.7 全体的職務満足への重回帰分析の結果

独立変数	JS	EXS	CLLG	SUPER	GRWT	B	β
EXS	.28					.049**	.156
CLLG	.35	.13				.043**	.122
SUPER	.39	.37	.45			.083**	.140
GRWT	.50	.16	.38	.38		.113**	.375
M	3.91	11.82	16.28	7.17	22.51	定数 = −.507	
SD	1.08	3.40	3.12	1.87	3.52	R^2=.329	
						Adjusted R^2=.324	
						R=.574**	
						F値 =65.602***	

* p<.05 ** p<.01 ***p<.000

2.2 QWLの代替指標としての職場継続意向について

次に，職場継続意向に (4.3) 式の回帰を行った結果を表4.8に示す。職場継続意向への影響の度合いを示す指標である標準化係数 (β) をみると，「待遇に対する満足」=.119,「同僚との関係満足」=.116,「上司との関係満足」=.189,「成長満足」=.294であり，全てが0.1%水準で職場継続意向を有意に説明することに成功している。(4.2)式のモデルの決定係数 (R^2) は.269であり，モデルの有効性を検定する分散分析では，F値 =49.473で，1%水準で有意であることが明らかとなった。したがって，(4.3) 式のモデルは，職場継続意向のモデルとして有効であるといえる。

115

表 4.8　職場継続意向への重回帰分析の結果

独立変数	ITSWP	EXS	CLLG	SUPER	GRWT	B	β
EXS	.25					.046**	.119
CLLG	.33	.13				.050**	.116
SUPER	.40	.37	.45			.138**	.189
GRWT	.43	.16	.38	.38		.109**	.294
M	3.80	11.82	16.28	7.17	22.51	定数 =−.977	
SD	1.31	3.40	3.12	1.87	3.52	R^2=.269	
						Adjusted R^2=.264	
						R=.519	
						F値 =49.473***	

* p<.05 ** p<.01 ***p<.000

第3節　QWLの多様性の検証

3.1　仮説 2.1 の検証

ギルドごとに，その度数を求めたところ，表 4.9 のような結果を得た。存在欲求（EN），関係欲求（RN），成長欲求（GN）の全てを有意味とするギルド 7（G7）が 287 名（50.09%）と最も多く，次いで存在欲求（EN）と関係欲求（RN）を有意味とするギルド 5（G5）が 111 名（19.37%），関係欲求（RN）と成長欲求（GN）を有意味とするギルド 3 が 46 名（8.03%）

第4章　仮説の検証と考察

の順で多かった。

　この結果から，仮説2.1「被験者（ケアワーカー）それぞれの職場環境における有意味（重要）な欲求の組み合わせは，欲求全てを有意味とする組み合わせとする一意的なものではなく，その種類は，欲求の考えられる組み合わせ全ての総和数と全て無意味とする組み合わせの数に1を足し合わせただけ存在する」は支持され，ケアワーカー集団は有意味とする欲求の組み合わせの数だけ異なるギルドが存在することが明らかになった。

　次に，性別，職種別，そして施設種別によってギルドの構成比率が全体モデル（表4.9）に適合するか否かを検討するためにχ^2検定およびフィッシャーの正確確率検定を行った。

　性別では男性（正確確率p=.175）女性（χ^2=1.694, df=7, =.975）ともに全体モデルに適合していることが明らかとなった（表4.10）。職種別では介護職（χ^2=1.192, df=7, p=.991），看護職（正確確率p=.701）ともに全体モデルに適合している（表4.11）。施設種別では，特養（χ^2=1.531, df=7, p=.981）養護（正確確率p=.217）デイ（正確確率p=.817）といずれも全体モデルと適合の良さが示された（表4.12）。

　以上の結果から，ギルドの分布（各ギルドの生起確率）は被験者の生物学的特性，従事する仕事の特性，そして職場の特性と関連があるとはいえないことが示唆された。

表4.9　ギルドの分布（全体モデル）

組合せ	{RN}	{GN}	{RN, GN}	{EN}	{EN, RN}	{EN, GN}	{EN, RN, GN}	Φ	Σ
ギルド	G1	G2	G3	G4	G5	G6	G7	G8	―
N	20	28	46	19	111	39	287	23	573
P	0.03	0.05	0.08	0.03	0.19	0.07	0.50	0.04	1.00

註）EN=待遇（給料，福利厚生），RN=職場での良好な人間関係，GN=成長

第 2 部　QWL の多様性の実証的研究

表 4.10　性別によるモデル適合度の検定

ギルド	G1	G2	G3	G4	G5	G6	G7	G8	Σ
女性									
N	16	22	43	13	93	30	248	21	486
期待度数	16.96	23.75	39.02	16.12	94.15	33.08	243.42	19.51	
$\chi^2(7)=1.694$　p=.975									
男性									
N	4	6	3	6	18	9	37	2	85
期待度数	2.97	4.15	6.82	2.82	16.47	5.79	42.57	3.41	
正確確率　p=.175									

表 4.11　職種別によるモデル適合度の検定

ギルド	G1	G2	G3	G4	G5	G6	G7	G8	Σ
介護職									
N	17	20	36	15	86	33	239	16	462
期待度数	16.13	22.58	37.09	15.32	89.50	31.45	119.50	18.54	
$\chi^2(7)=1.192$　p=.991									
看護職									
N	2	4	9	4	17	3	33	4	76
期待度数	2.65	3.71	6.10	2.52	14.72	5.17	38.07	3.05	
正確確率　p=.701									

第4章　仮説の検証と考察

表4.12　施設種別によるモデル適合度の検定

ギルド	G1	G2	G3	G4	G5	G6	G7	G8	Σ
特養									
N	13	20	29	12	76	28	197	20	395
期待度数	13.79	19.30	31.71	13.10	76.52	26.88	197.84	19.30	
$\chi^2(7)=1.531$　p=.981									
養護									
N	2	2	7	4	11	3	17	1	47
期待度数	1.64	2.30	3.77	1.56	9.10	3.20	23.54	1.88	
正確確率　p=.217									
デイ									
N	4	4	10	3	19	5	61	2	108
期待度数	3.77	5.28	8.67	3.58	20.92	7.35	54.09	5.28	
正確確率　p=.817									

　二項-ベータ階層ベイズ推定によるギルドの出現確率の推定結果を表4.13に、95％信用区間箱ひげ図4.1にそれぞれ示した。平均出現確率＝0.125を95％信用区間に含むギルドは1つもない。存在欲求（EN）と関係欲求（RN）を有意味とするギルド5（$\hat{p}_5$= 0.1925）と存在欲求（EN），関係欲求（RN），成長欲求（GN）の全てを有意味とするギルド7（$\hat{p}_7$= 0.4989）が他に突出した出現確率をもつことがわかる。加えて、ギルド5とギルド7の95％信用区間は他の全てのギルドのそれと重なり合わず排他的であることがわかる（なお他の5つのギルドはそれぞれ3から5つのギルドの95％信用区間と重なっている）。

119

表4.13 二項-ベータ階層ベイズ推定によるギルドの出現確率

ギルド	出現確率	Mean	Sd	MCerror	2.5%	Median	97.5%
ギルド1：g1	$\hat{p}_1$	0.0362	0.0078	0.0001	0.0229	0.0356	0.0532
ギルド2：g2	$\hat{p}_2$	0.0502	0.0091	0.0001	0.0336	0.0497	0.0700
ギルド3：g3	$\hat{p}_3$	0.0811	0.0113	0.0002	0.0607	0.0806	0.1045
ギルド4：g4	$\hat{p}_4$	0.0350	0.0076	0.0001	0.0217	0.0343	0.0514
ギルド5：g5	$\hat{p}_5$	0.1925	0.0165	0.0002	0.1608	0.1922	0.2253
ギルド6：g6	$\hat{p}_6$	0.0689	0.0106	0.0001	0.0495	0.0683	0.0912
ギルド7：g7	$\hat{p}_7$	0.4948	0.0210	0.0003	0.4547	0.4947	0.5371
ギルド8：g8	$\hat{p}_8$	0.0416	0.0083	0.0001	0.0270	0.0411	0.0592

第 4 章 仮説の検証と考察

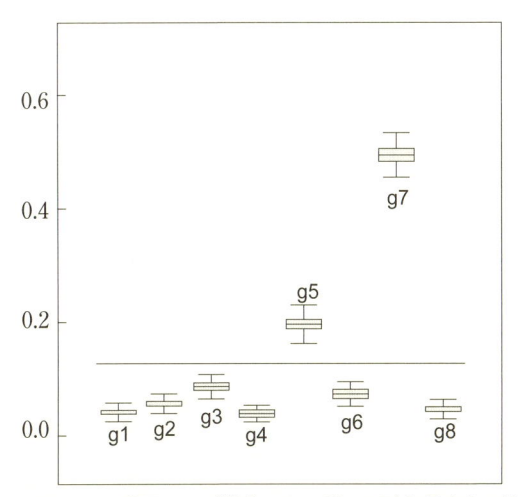

図 4.1 二項-ベータ階層ベイズ推定によるギルド別出現確率の箱ひげ図

3.2 仮説 2.2 の検証（その 1）

　ギルドの存在が明らかになったところで，次に，QWL の内容がギルドごとに異なるのかを検証した。分析の手順は，QWLSCL の信頼性と妥当性の検証作業の時と同様に，まず下位領域ごとの 1 因子モデルの検証的因子分析を行ってから 2 次因子モデルの検証的因子分析を行った。ただし，ギルド 5 とギルド 7 を除く全てのギルドは検証的因子分析にかけるには標本数が少ない（$n \leq 50$）ため，今回はギルド 5 とギルド 7 についてのみ分析を行った。ギルド 5 とギルド 7 に仮定される QWL モデルは図 4.2 のとおりである。

　「待遇」と「人間関係」を重要とするギルド 5 には，「待遇に対する満足」「同僚との関係満足」「上司との関係満足」の背後に QWL（という高次概念が存在する）モデルを，「待遇」「人間関係」「成長」の全てを重要とするギルド 7 には，「待遇に対する満足」「同僚との関係満足」「上司との関係満足」「成長満足」の背後に QWL が存在するというモデルをそれぞれ仮定し，それぞれ検証的因子分析を行った。

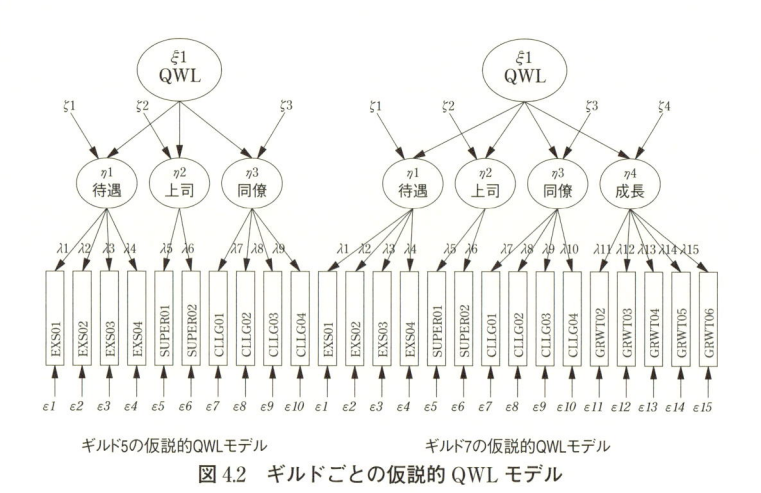

第2部　QWLの多様性の実証的研究

図4.2　ギルドごとの仮説的 QWL モデル

(1) ギルド5について

まず，1因子モデルの検証的因子分析の結果は，表4.14が示すとおり，どの下位尺度についても当てはまりが良いことが示された（ただし，「上司との関係満足」については，項目数が2のため自由度が負になるため1因子モデルの検証的因子分析は行えない）。

表4.14　ギルド5の1因子モデルの検証的因子分析の結果

因子	χ^2(df)	P値	GFI	RMSEA	CFI
待遇に対する満足（k=4）	.902 (2)	.637	1.000	.000	1.000
同僚との関係満足（k=4）	.431 (2)	.806	.999	.000	1.000
上司との関係満足（k=2）	—	—	—	—	—
成長満足（k=5）	7.432 (5)	.190	.991	.070	1.000

次に，図4.2に示したギルド5のQWLモデルを検討した。その結果，「待遇に対する満足」「同僚との関係満足」「上司との関係満足」のそれぞ

表4.15 ギルド5の2次因子モデルの検証的因子分析の結果

質問項目	モデル1 待遇	同僚関係	上司関係	モデル2 待遇	同僚関係	上司関係	成長
1階因子負荷							
EXS01	.867	—	—	.865	—	—	—
EXS02	.838***	—	—	.812***	—	—	—
EXS03	.807***	—	—	.827**	—	—	—
EXS04	.517	—	—	.523*	—	—	—
CLLG01	—	.854	—	—	.802	—	—
CLLG02	—	.685**	—	—	.682*	—	—
CLLG03	—	.783**	—	—	.865*	—	—
CLLG04	—	.739*	—	—	.705*	—	—
SUPER01	—	—	.868	—	—	.898	—
SUPER02	—	—	.971***	—	—	.938***	—
GRWT02	—	—	—	—	—	—	.803
GRWT03	—	—	—	—	—	—	.717*
GRWT04	—	—	—	—	—	—	.510
GRWT05	—	—	—	—	—	—	.620
GRWT06	—	—	—	—	—	—	.419
2階因子負荷				.471***			
待遇	.495			.573***			
同僚関係	.529***			.834***			
上司関係	1.044***			.704***			

$\chi^2(32)=38.913$, GFI=.969, RMSEA=.047, CFI=.992

$\chi^2(86)=114.143^*$, GFI=.944, RMSEA=.057, CFI=.979

* p<.05 ** p<.01 ***p<.001, 下線の因子負荷量は固定母数

第2部　QWLの多様性の実証的研究

れの潜在変数から10観測変数（項目への）直接効果λは全て0.4を上回った。モデルの適合度についてもχ^2値（38.913, df=32）は非有意（p=.187）であり，その他全ての指標（GFI=.969, CFI=.992, RMSEA=.047）でもこのモデルは大変当てはまりが良いことが示された。

　次に，ギルド5のQWLモデルの対抗モデルである15項目，4下位構成概念の背後にQWL潜在変数を仮定した2次因子モデル（表4.15のモデル2）を検討した。その結果，15項目の1次因子の因子負荷量λは全て0.4を上回り，各下位領域からQWLに対しても，全ての2次因子の因子負荷量γは0.4を上回った。適合度については，χ^2値（114.143, df=86）と有意（p=.023）であったが，その他全ての指標（GFI=.944, RMSEA=.057, CFI=.979）でこのモデルの当てはまりの良さを支持した。しかし，「成長満足」の潜在変数からそれぞれの観測変数への直接効果を示すλはGRWT03を除き5％水準で全てが非有意であった。このことは，「成長満足」の構成概念をこのモデルから削除することを奨めている。

　以上の結果を踏まえると，ギルド5の仮説的QWLモデルは，仮説1の検証で示された全サンプルのデータをもとに示されたQWLモデル（つまり「待遇に対する満足」「同僚との関係満足」「上司との関係満足」「成長満足」の背後にQWLが存在するというモデル）よりもギルド5のグループのQWLは，「待遇に対する満足」「同僚との関係満足」「上司との関係満足」から構成されていることが確認された。

(2) ギルド7について

　まず，1因子モデルの検証的因子分析の結果は，表4.16が示すとおり，どの下位尺度についても大変当てはまりが良いことが示された（ただし，「上司との関係満足」については，項目数が2のため自由度が負になるため1因子モデルの検証的因子分析は行えない）。

　次に，図4.2に示したギルド7のQWLモデルを検討した。その結果（表4.17），「待遇に対する満足」「同僚との関係満足」「上司との関係満足」のそれぞれの潜在変数から15観測変数（項目への）直接効果λは全て0.4を上回った。

ただし，QWLから「待遇に対する満足」への直接効果γは.213と低かった。モデルの適合度についてもχ^2値（176.664, df=86）は有意（p=.000）であったが，GFIは.969，CFIは.992，RMSEA=.063とその他全ての指標で，このモデルの当てはまりが良いことが示された。

表4.16 ギルド7の1因子モデルの検証的因子分析の結果

因子	χ^2(df)	P値	GFI	RMSEA	CFI
待遇に対する満足（k=4）	.103 (2)	.950	1.000	.000	1.000
同僚との関係満足（k=4）	1.529 (2)	.465	.999	.000	1.000
上司との関係満足（k=2）	—	—	—	—	—
成長満足（k=5）	5.142 (5)	.399	.997	.010	1.000

第2部　QWLの多様性の実証的研究

表 4.17　ギルド 7 の 2 次因子モデルの検証的因子分析の結果

質問項目	モデル1 待遇	同僚関係	上司関係	成長
1階因子負荷	<u>.917</u>	—	—	—
EXS01	.827***	—	—	—
EXS02	.780***	—	—	—
EXS03	.514***	—	—	—
EXS04	—	<u>.903</u>	—	—
CLLG01	—	.841***	—	—
CLLG02	—	.807***	—	—
CLLG03	—	.752***	—	—
CLLG04	—	—	<u>.866</u>	—
SUPER01	—	—	.935***	—
SUPER02	—	—	—	<u>.729</u>
GRWT02	—	—	—	.773*
GRWT03	—	—	—	.728*
GRWT04	—	—	—	.476*
GRWT05	—	—	—	.461*
GRWT06	—	—	—	—
2階因子負荷				
待遇	<u>.213</u>			
同僚	.741***			
上司関係	.823***			
成長	.683***			

$\chi^2(86)=176.664^{***}$, RMSEA=.063, GFI=.969, CFI=.959

* p<.05　** p<.01　*** p<.001，下線の因子負荷量は固定母数

3.3　仮説 2.2 の検証（その 2）

(1) ギルド 5 について

本章 3 節の仮説 2.1 の検証作業と同様に，全体的職務満足と職場継続意向をそれぞれ QWL の代替指標とした場合，仮説 1 のモデルが全てのギルドに有効であるか否か，または 4 章の第 3 節の (4.11) のように，ギルドごとに与えられる QWL モデルが仮説 1 のモデルよりも優れているのかを検討する。ここでは，4 つの欲求（「待遇に対する満足」（EXS），「同僚との関係満足」（CLLG），「上司との関係満足」（SUPER），「成長満足」（GRWT））の中からギルドごとに有意味とする欲求を全体的職務満足と職場継続意向にそれぞれ回帰させる。すなわち，

ギルド 1 の QWL=$\alpha_0+\beta_{01}$CLLG+β_{02}SUPER+ε (4.4)

ギルド 2 の QWL=$\alpha_0+\beta_{01}$GRWT+ε (4.5)

ギルド 3 の QWL=$\alpha_0+\beta_{01}$CLLG+β_{02}SUPER+β_{03}GRWT+ε (4.6)

ギルド 4 の QWL=$\alpha_0+\beta_{01}$EXS+ε (4.7)

ギルド 5 の QWL=$\alpha_0+\beta_{01}$EXS+β_{02}CLLG+β_{03}SUPER+ε (4.8)

ギルド 6 の QWL=$\alpha_0+\beta_{01}$EXS+β_{02}GRWT+ε (4.9)

ギルド 7 の QWL=$\alpha_0+\beta_{01}$EXS+β_{02}CLLG+β_{03}SUPER+β_{04}GRWT+ε

(4.10)[1)]

ギルド 8 の QWL=φ (4.11)

とする線形回帰モデルをそれぞれ仮定する。ここで，α_0 は定数項，β_i は回帰係数である。

次にギルドごとに逐次，4 つの欲求全てを組み込む仮説 1 の QWL モデルとギルドごとに与えられた QWL モデルの比較検討を行っていくわけであるが，Green（1991）によれば（重）回帰分析には少なくとも，$N \geq 50+8m$（m は独立変数の数）の標本数が必要となる。ギルド 1 の QWL モデルについては，独立変数が 1 個なので 58 の標本数が必要となる。このように，独立変数の数に基づいて各ギルドの QWL モデルの重回帰分析

に必要な標本数を算出したところ，この条件を満たしているのは，ギルド5とギルド7であることがわかった。したがって，仮説2.2を検証するためにギルド5とギルド7のサンプルを用いて，ギルド5のQWLモデル (4.8) とギルド7のQWLモデル (4.10) を検討する。

　まず，ギルド5について，全体的職務満足と職場継続意向をQWLの指標と考えた場合，(4.2) と (4.3) のモデルが妥当であるか否かを検討するために，ステップワイズ法による重回帰分析を施し，その結果を表4.18と表4.19に示した。

　全体的職務満足への影響の度合いを示す指標である標準化係数（β）をみると，「上司との関係満足」=.310,「成長満足」=.399であり，双方とも1%水準以下で全体的職務満足を有意に説明することに成功している。採択されたモデルの決定係数（R^2）は.341であり，モデルの有効性を検定する分散分析では，F値=26.167で，0.1%水準で有意であることが明らかとなった。したがって，このモデルはギルド5の全体的職務満足のモデルとして有効であるといえる。しかし，ギルド5は存在欲求（EN），関係欲求（RN）を有意味とするグループである。重回帰分析の結果，「成長満足」がモデルに組み込まれたことから，ギルド5の全体的職務満足のモデルとして (4.8) は妥当でないことが明らかになった。しかし，その一方で「同僚との関係満足」が採択されない一方で，「上司との関係満足」が仮説どおり全体的職務満足に有意に影響を与えていることが明らかになったことは興味深い結果である。

　次に，職場継続意向への影響の度合いを示す指標である標準化係数（β）をみると，「待遇に対する満足」=.289,「上司との関係満足」=.255であり，双方とも1%以下の水準で全体的職務満足を有意に説明することに成功している。採択されたこのモデルの決定係数（R^2）は.329であり，モデルの有効性を検定する。

　分散分析では，F値=13.311で，0.1%水準で有意であることが明らかとなった。「同僚との関係満足」が採択されなかったものの，ギルド5が存在欲求（EN），関係欲求（RN）を有意味とするグループであることから，ギルド5の職場継続意向のモデルとして (4.8) が妥当であることを支持

表4.18 ギルド5の全体的職務満足の重回帰分析の結果

独立変数	JS	EXS	CLLG	SUPER	GRWT	B	β
EXS	.35					—	—
CLLG	.39	.24				—	—
SUPER	.45	.42	.38			.182***	.310
GRWT	.51	.21	.37	.35		.124***	.399
M	3.65	10.79	15.78	6.71	21.21		
SD	1.13	3.31	2.88	1.92	3.64	R^2=.341	
						Adjusted R^2=.328	
						R=.584	
						F値=26.167***	

* p<.05 ** p<.01 ***p<.000

表4.19 ギルド5の職場継続意向の重回帰分析の結果

独立変数	ITSWP	EXS	CLLG	SUPER	GRWT	B	β
EXS	.39					.115**	.289
CLLG	.23	.24				—	—
SUPER	.37	.41	.38			.177**	.255
GRWT	.31	.21	.37	.36		—	—
M	3.49	10.79	15.78	6.71	21.21		
SD	1.31	3.31	2.88	1.92	3.64	R^2=.209	
						Adjusted R^2=.193	
						R=.457	
						F値=13.311***	

* p<.05 ** p<.01 ***p<.000

(2) ギルド7について

次に，ギルド7について，全体的職務満足と職場継続意向をQWLの代替指標とした場合，ギルド7のQWLモデル（4.10）が妥当であるか否かを検討するために，ステップワイズ法による重回帰分析を施し，その結果を表4.20と表4.21に示した。

次に，職場継続意向への影響の度合い示す指標である標準化係数（β）をみると，「同僚との関係満足」=.158,「上司との関係満足」=.189,「成長満足」=.357であった。3つの領域の全てが1%以下の水準で全体的職務満足を有意に説明することに成功している。「待遇に対する満足」はステップワイズの過程で除外された。3領域からなるモデルの決定係数（R^2）は.318であり，モデルの有効性を検定する分散分析では，F値=49.028で，0.1%水準で有意であることが明らかとなった。ギルド7が存在欲求（EN），関係欲求（RN），成長欲求（GN）の全てを有意味とするグループであることから，「待遇に対する満足」が採択されなかったことから，ギルド7の職場継続意向のモデルとして，ERG理論の3欲求に対する満足を組み込んだ（4.10）のモデルを仮定することは妥当であるとはいえないと考えられる。

以上の結果をまとめると，仮説2.2が主張するように，ギルドごとに与えられるQWLモデル（全体的職務満足と職場継続意向をQWLとして捉えた場合）は，各ギルドのQWLを記述するうえで仮説1のQWLモデルよりも優れているとはいえない。しかしながら，ギルド7の全体的職務満足の重回帰分析の結果では，ギルド7が有意味とするERG理論の3欲求（存在欲求＝「待遇に対する満足」，関係欲求＝「上司との関係満足」，成長欲求＝「成長満足」）に対する満足がモデルに組み込まれたこと，また，ギルド5の職場継続意向の重回帰分析の結果，ギルド5が有意味とするERG理論の2欲求（存在欲求＝「待遇に対する満足」，関係欲求＝「上司との関係満足」）に対する満足がモデルに組み込まれたという結果は，仮説2.2を部分的に支持しているといえる。

第4章　仮説の検証と考察

表4.20　ギルド7の全体的職務満足の重回帰分析の結果

独立変数	JS	EXS	CLLG	SUPER	GRWT	B	β
EXS	.19					.037*	.125
CLLG	.35	.07				.046*	.138
SUPER	.36	.34	.49			.065	.113
GRWT	.46	.04	.42	.40		.105***	.351
M	4.00	12.03	16.58	7.17	23.09		
S.D.	.99	3.36	2.96	1.72	3.30	定数 =−.113	
						R^2=.274	
						Adjusted R^2=.263	
						R=.524	
						F値 =24.940***	

* p<.05 ** p<.01 ***p<.000

表4.21　ギルド7の職場継続意向への重回帰分析の結果

独立変数	ITSWP	EXS	CLLG	SUPER	GRWT	B	β
EXS	.18					—	—
CLLG	.41	.08				.144**	.158
SUPER	.40	..34	.50			.070**	.189
GRWT	51	.04	.43	.39		.141***	.357
M	3.94	11.82	16.28	7.17	22.51		
SD	1.30	3.40	3.12	1.87	3.52	R^2=.338	
						Adjusted R^2=.330	
						R=.564	
						F値 =49.028***	

* p<.05 ** p<.01 ***p<.000

(3) 階層ベイズ回帰モデルによる検証

　階層的ベイズ回帰分析を行い，ギルド間でQWLモデルに差異があるかを確認する。重回帰分析の結果において，ギルド5とギルド7についてQWL代替指標として「全体的職務満足」よりも「職場継続意向」が[**仮説2.2**]を支持する結果が得られている。そこで，QWLの代替指標として「職場継続意向」を従属変数とした場合の階層的ベイズ回帰分析を行った。

　MCMC標本により得た10500回の標本抽出のうち最初の500回を破棄したものからβの事後統計量を推定した。表4.22には推定値を，図4.3に独立変数ごとにβ係数の95%信用区間を箱ひげ図に示した。なお，β係数の95%信用区間に0が含まれなければ，その独立変数は有意に従属変数「職場継続意向」を有意に説明していると解釈される。

　まず，ギルド8は仮定する欲求のいずれも希求しないグループである。すなわち，(4.11)式が示すように，ギルド8のQWLモデルではいずれの独立変数も「職場継続意向」を有意に説明しないことが予想された。MCMC推定の結果，全ての独立変数のβ係数はその95%信用区間に0を含んでおり，「職場継続意向」を有意に説明しないことが示された。

　β係数の95%信用区間に0を含まない，すなわち有意な独立変数を持つギルドは，ギルド3，ギルド5，そしてギルド7の3つであった。ギルド3は関係欲求に関する「同僚との関係満足」と「上司との関係満足」の2変数と「成長満足」の3つの独立変数を含む(4.6)式のモデルが仮定されている。MCMC推定の結果，β係数が有意であったのは「待遇に対する満足」(平均=0.173，95%信用区間=[0.0522, 0.2937])「上司との関係満足」(平均=0.2426，95%信用区間=[0.0383, 0.4576])そして「成長満足」(平均=0.0953，95%信用区間=[0.0028, 0.1844])の3変数であった。関係欲求の「同僚との関係満足」は非有意ではあったものの，もう一方の関係欲求の満足である「上司との関係満足」が有意であったこと，そして「成長満足」が有意であった。

　ギルド5については，通常の重回帰分析の結果と同様，「待遇に対する満足」(平均=0.107，95%信用区間=[0.0335, 0.181])と「上司との関係満足」(平均=0.1396，95%信用区間=[0.0049, 0.2797])が有意に「職場継続

第 4 章 仮説の検証と考察

表 4.22 階層ベイズ回帰モデルによる推定結果（ギルド 1）

β_k	M	SD	Median	95% 下限	95% 上限	min	Max
ギルド 1 (g1)							
ITSWP<-EXE	−0.0766	0.1374	−0.0776	−0.3483	0.1944	−0.699	0.6507
ITSWP<-CLLG	−0.0387	0.167	−0.039	−0.3697	0.2927	−0.7469	0.733
ITSWP<-SUPER	0.2206	0.3343	0.2202	−0.4469	0.8797	−1.4977	1.76
ITSWP<-GRWT	−0.0544	0.1318	−0.054	−0.3144	0.2073	−0.7841	0.7526
ギルド 2 (g2)							
ITSWP<-EXE	0.0941	0.0871	0.0937	−0.0777	0.2644	−0.3039	0.5185
ITSWP<-CLLG	0.0654	0.1059	0.0639	−0.145	0.2821	−0.4222	0.5149
ITSWP<-SUPER	0.1376	0.1952	0.1389	−0.2488	0.5213	−0.7145	0.9102
ITSWP<-GRWT	0.0437	0.0867	0.044	−0.1267	0.2121	−0.3333	0.4535
ギルド 3 (g3)							
ITSWP<-EXE	0.173	0.0616	0.1734	**0.0522**	**0.2937**	−0.0544	0.4539
ITSWP<-CLLG	−0.046	0.0503	−0.0457	−0.145	0.0543	−0.2257	0.1319
ITSWP<-SUPER	0.2426	0.1062	0.241	**0.0383**	**0.4576**	−0.1518	0.7025
ITSWP<-GRWT	0.0953	0.0458	0.0958	**0.0028**	**0.1844**	−0.1182	0.2554
ギルド 4 (g4)							
ITSWP<-EXE	−0.035	0.0982	−0.0344	−0.2291	0.1619	−0.5124	0.4238
ITSWP<-CLLG	0.0312	0.089	0.0308	−0.1484	0.2079	−0.3791	0.4752
ITSWP<-SUPER	0.047	0.168	0.0508	−0.2917	0.3757	−0.6806	1.0188
ITSWP<-GRWT	0.0427	0.1162	0.043	−0.1868	0.2741	−0.4898	0.5819
ギルド 5 (g5)							
ITSWP<-EXE	0.107	0.0375	0.1067	**0.0335**	**0.181**	−0.01	0.2749
ITSWP<-CLLG	0.0144	0.0423	0.0154	−0.0681	0.0972	−0.1481	0.1719
ITSWP<-SUPER	0.1396	0.0687	0.1392	**0.0049**	**0.2797**	−0.1085	0.4253
ITSWP<-GRWT	0.0631	0.0355	0.0632	−0.0065	0.1309	−0.1175	0.2012
ギルド 6 (g6)							
ITSWP<-EXE	−0.0076	0.0493	−0.0077	−0.1058	0.0898	−0.2952	0.2037
ITSWP<-CLLG	0.0934	0.0688	0.094	−0.045	0.2272	−0.1898	0.3582
ITSWP<-SUPER	0.1521	0.1285	0.1518	−0.1023	0.4036	−0.3119	0.7371
ITSWP<-GRWT	0.1183	0.0662	0.1185	−0.0114	0.2487	−0.1855	0.3965
ギルド 7 (g7)							
ITSWP<-EXE	0.041	0.0207	0.041	**0.0002**	**0.0819**	−0.0305	0.1155
ITSWP<-CLLG	0.0735	0.0261	0.0734	**0.0213**	**0.1245**	−0.0265	0.1669
ITSWP<-SUPER	0.0977	0.045	0.0976	**0.0096**	**0.1867**	−0.0669	0.275
ITSWP<-GRWT	0.1183	0.0662	0.1506	**0.1066**	**0.195**	0.0602	0.2513
ギルド 8 (g8)							
ITSWP<-EXE	−0.1059	0.1214	−0.1068	−0.3454	0.1348	−0.7539	0.6471
ITSWP<-CLLG	0.0179	0.1144	0.0188	−0.2115	0.2451	−0.4801	0.5997
ITSWP<-SUPER	0.2206	0.2197	0.2206	−0.2135	0.6512	−0.6985	1.3439
ITSWP<-GRWT	0.0994	0.0936	0.0998	−0.0858	0.287	−0.3456	0.4765

133

意向」を説明していることが確認された。

ギルド7については，先の重回帰分析結果では「待遇に対する満足」を除く3変数全てが「職場継続意向」を有意に説明していたが，MCMCによるベイズ推定では他の3変数はもとより，「待遇に対する満足」のβ係数の平均値=0.041，95％信用区間=［0.0002, 0.0819］となり有意に「職場継続意向」を説明している可能性が示された。

以上の結果をまとめると「職場継続意向」をQWL代替指標とした場合，階層的ベイズ回帰分析ではギルド5については部分的に，ギルド7とギルド8については全面的に［仮説2.2］を支持する結果となった。

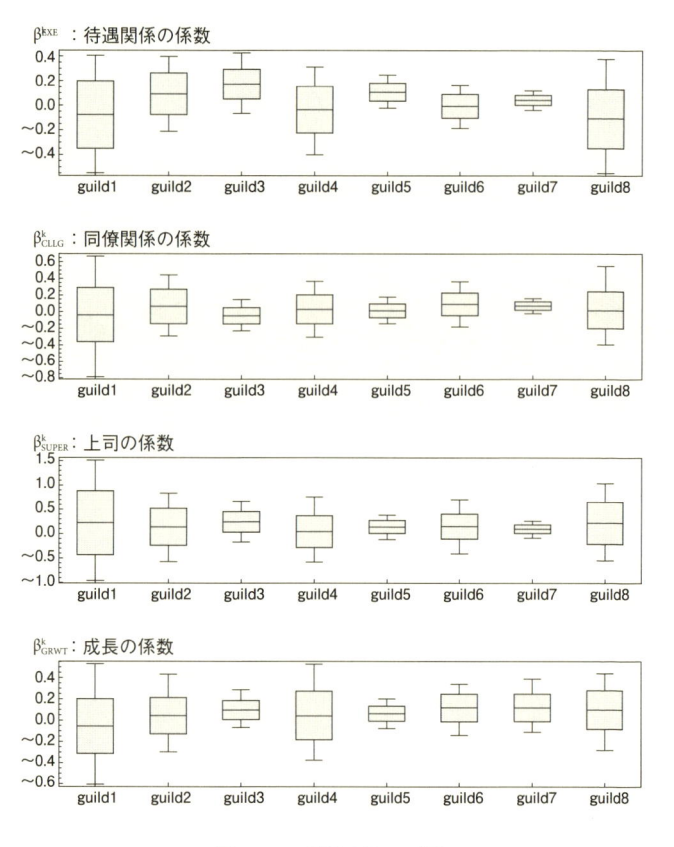

図4.3　β係数の箱ひげ図

第4節　考察と課題

4.1　QWLSCL の妥当性と信頼性について
：仮説1の検証（その1）の結果について

当初，QWLSCL は18項目から構成されていたが，一連の検証的因子分析の結果計3項目が省かれた。そもそも，2次因子 ξ_1 [QWL]によって4つの1次因子 $\eta_{1～4}$ [EXS][SUPER][CLLG][GRWT]が，1次因子によって18項目が説明されていると仮定しているわけであるから，項目間の共分散を0に固定しないことも考えられる。しかし，尺度開発における因子分析の目的が冗長な因子や項目をできるだけ省いて尺度の精度を高めることであるならば，QWLSCL が最終的に18項目から15項目に縮小されたことは好ましい帰結であるといえる。

次に，表1.4に示した主な先行研究の多くは，使用した尺度がすでに標準化されているものとし，日本の3つの先行研究を含め，改めて妥当性と信頼性を検討していない。このことから，高齢者福祉施設スタッフを対象に，日本語から作成された QWLSCL が2次因子モデルの検証的因子分析によって，その構成概念妥当性が確認されたことは意義深い。

QWLSCL は，構成概念妥当性に加えて基準関連妥当性をも併せもつ測定尺度であることが明らかとなった。全体的職務満足と職場継続意向との併存性ばかりでなく，職務満足と密接な関係をもつといわれるバーンアウトの情緒的消耗感，脱人格化，個人的達成感の全てとの併存性が確認されたことは重要である。

また，これまで QWL と全体的職務満足を測定する尺度として，冷水と浅野（1985）の研究や中野と福渡（2002）の研究のように単一項目尺度を使用するか，領域別職務満足得点を単に加算したものが使用されてきたが，(1.2) 式が示すように，QWL が領域別職務満足の総和であることが2次因子モデルの検証的因子分析によって確認されたこと，そして，QWL 得点が全体的職務満足を有意に説明したことは，事後的にではある

第 2 部 QWL の多様性の実証的研究

が，先程の先行研究のような単一項目尺度の使用と領域別職務満足の加算得点の使用についてある程度の妥当性を示す結果となった。

以上のような結果を得られつつも，今回の調査は，近畿某市に所在する 37 の高齢者福祉施設のスタッフに対象者を限定しており，QWLSCL の外的妥当性については今後の課題として残されたままである。また，QWLSCL の開発過程において QWL の下位次元の設定と質問項目の作成は ERG 理論から演繹的に行ったが，高齢者福祉施設スタッフの業務の特殊性を考慮するならば，彼らならではの QWL の下位次元の存在を否定できるものではない。内容的妥当性の検討も含めて，今後，探索的に高齢者福祉施設スタッフへのインタビュー調査や自由記述回答による質問紙調査など柔軟な研究方法によってこれら新たな下位次元の存在を検討すべきであろう。

4.2 QWL について：仮説 1 の検証（その 2）の結果について

ここでは，全体的職務満足と職場継続意向をそれぞれ QWL の代替指標とした場合，独立変数はこれら 2 つの従属変数をそれぞれ充分説明できるか否かを検討した。その結果，仮説 1 のとおり，代替指標としての全体的職務満足と職場継続意向は，存在欲求，関係欲求，成長欲求，これら 3 つの欲求充足に対する満足度によって構成されていると仮定することの妥当性を示した。

この結果は，本章の第 1 節 1.3 の「QWLSCL の基準関連妥当性」職務満足職場継続意向の結果から容易に推測されるが，独立変数を全体的職務満足と職場継続意向それぞれに回帰させることで，各独立変数の影響力の程度の違いを検討できる。「成長満足」からの影響は全体的職務満足に対してのほう（β=.375）が職場継続意向のそれ（β=.294）よりも一見大きいことが明らかになったが，独立性の検定を行ったところ，Z 値は 1.500 で P 値（=.06）は非有意であったため，「成長満足」から全体的職務満足と職場継続意向への影響の程度に違いは見出されなかった。

したがって，存在欲求，関係欲求，成長欲求，これら 3 つの欲求充足に

対する満足度は全体的職務満足と職場継続意向に対して同様の影響を与えているのであり，先行研究で使用されているように，全体的職務満足と職場継続意向を QWL の代替指標として使用することはある程度有効であることが確認された。

4.3　QWL の多様性について：仮説 2.1 の検証結果について

　ある A 集合が与えられたとき，そのべき集合 P(A) が存在するという命題は，あくまで数理的事実であって，人間の欲求リスト（欲求の集合）が与えられたとき，P(A) を構成する部分集合，すなわちギルドが見出されるかは非常に興味深い問いであった。

　検証の結果，存在欲求，関係欲求，成長欲求，これら 3 つの欲求を重要だと考えるパターンは空部分集合を含む 8 つのギルドに分類され，さらに，性別と雇用形態別，そして職種別においてもその構成比率に差が見出されなかったことは大変興味深い。

　この結果は，「働く人」の集団のなかには資源利用のパターンに関する生態学的特性，すなわち，ギルドが現実に存在することを示していると考えられる。個人によって，職業に求めるものが違うことは，我々にとって日常的な経験的事実である。

　しかし，これまで「働く人」という集団からギルドのような生態学的特性を抽出する試みは殆どなされてこなかったこと，そして，今回その根拠を生態学と集合論から演繹的に求めることができた本研究は，今後，組織行動学に生態学的な多様性の概念を導入するうえで意義ある事例を示したといえるのではなかろうか。

　また二項-ベータ階層ベイズモデルにより，それぞれのギルド出現確率を推定し 95%信用区間により多重比較を行ったところ，ギルド 5 とギルド 7 が突出した出現確率を持つと同時に，他のいずれのギルドに対し排他的に高い出現確率を持っていた。なぜ，「存在欲求」と「関係欲求」を求めるギルド 5，そして 4 つ全ての欲求を希求するギルド 7 の出現確率が高いのかそのメカニズムを今後明らかにする必要がある。

4.4 QWLの多様性について：仮説2.2の検証結果について

(1) 構造方程式モデリングによる検証

まず，仮説2.2の検証について，本研究の限界から述べることにする。仮説2.2によれば，ギルドごとに与えられるQWLモデルは，仮説1で検証されたQWLモデルよりも優れていると述べている。今回，構造方程式モデリングを用いて，ギルドごとに演繹されるQWLモデルとQWLが一意的であると仮定した場合のQWLモデル（図3.1）と比較検討する必要があった。

しかし，ギルド5とギルド7を除く全てのギルドは，構造方程式モデリングを用いた分析を施すのにはそれぞれの標本数が非常に小さく，今回はギルド5とギルド7について分析するにとどまった。べき集合$P(A)$の元は，もとの集合Aの元の数nに対して指数倍（2^n）に増加するという性質をもつ。本研究では，欲求の数を3つに仮定したため，ギルドの数は8（2^3）であったが，仮に欲求を5つにすればギルドの数は32と急激に増加してしまう。

このギルドの増加に併せて充分な標本数をギルドごとに確保することは大変困難な作業であり，設定する欲求の数によっては検証不可能な事態に陥ることもありうる。本研究でも，分析に使用した標本数565は構造方程式モデリングを用いた分析を行うには充分と思われるが，8つのギルド全てを分析するのに充分な標本数ではなかった。このことは本研究の最大の限界であり，今後クリアしなければならない最重要課題である。

以上の限界を踏まえつつ，今回の検証結果について考察するならば，構造方程式モデリングによる2次因子モデルの検証的因子分析の結果は，ギルド5とギルド7の両グループについては部分的に仮説2.2を支持していると考えられる。

「待遇」と「人間関係」を希求するギルド5については，図4.2と表4.15左右に示したモデル1とモデル2を比較検討したところ，モデル1の適合指標（$\chi^2(32)=38.913$, GFI=.969, RMSEA=.047, CFI=.992）は，モデル2のどの適合指標（$\chi^2(86)=114.143$, GFI=.944, RMSEA=.057, CFI=.979）より

も良い数値を示しており，モデル2はデータに非常に良く適合していることを示している。よって，ギルド5についての分析結果からは，仮説2.2のとおりQWLの一意性は崩れ，ギルドごとにQWLの内容は異なることが示された。

ギルド7は「待遇」「人間関係」「成長」全てを希求するグループであり，図3.1と図4.2の右側のモデル2とは同様のモデルである。QWLから「待遇に対する満足」への直接効果γは.213と低かったものの，固定母数を他に変えて有意性を検定したところ，0.1%水準で有意であった。また，どの適合度指標（χ^2(86)=176.664, RMSEA=.063, GFI=.969, CFI=.959）もモデルのデータへの当てはまりの良さを示した。

この結果については，次のように解釈できる。Maslowの欲求下位層説もAlderferのERG理論も欲求間の階層性を唱えている。両理論によれば「待遇」は最も低い次元の欲求であり，それよりも高次の欲求である「人間関係」や「成長」を希求するギルド7のグループにとって「待遇」の重要性は認識しつつも，実際のQWLに占めるその程度は低いものとなっているのではなかろうか。MaslowとAlderferの主張するように欲求間に階層性があったとしても，低次の欲求がひとたび満たされてしまえば，その低次の欲求はもはや重要ではなくなり，すぐその上位の欲求が独占的に重要となると考えるのはいささか無理があるように思われる。むしろ，時として低次の欲求も高次の欲求もまたがりつつ漸次，高次の欲求へと移行していくと考えるほうが自然であると考えられる。このように解釈すると，今回の結果は納得いくものであり，今後の研究で欲求間の階層性を踏まえたQWL論を検討する必要がみえてくる。

(2) 全体的職務満足と職場継続意向をQWLの代替指標とした場合：仮説2.2の検証（その2）

仮説2.2の検証（その2）では，「全体的職務満足」と「職場継続意向」をそれぞれQWLの代替指標とした場合，仮説1のモデルが全てのギルドに有効である否か，あるいは，仮説2.2のとおりギルドごとに与えられるQWLモデルが仮説1のモデルよりも優れているのかを検討した。

第 2 部　QWL の多様性の実証的研究

　まず，ギルド 5 については，「全体的職務満足」を QWL 代替指標とし場合，「成長満足」がモデルに組み込まれたことから，ギルド 5 の QWL モデルとして（4.8）は妥当でないことが明らかになった。ただし，「職場継続意向」については，「同僚との関係満足」が有意に影響していなかったものの，ギルド 5 が存在欲求（EN），関係欲求（RN）を有意味とするグループであり「上司との関係満足」は有意であったことから，仮説 2.2 を部分的に支持されたといえる。ギルド抽出において，単に関係欲求として被験者にその必要の有無を尋ねたが，「同僚との関係欲求」と「上司との関係欲求」と区別すべきかもしれない。

　ギルド 7 については，全体的職務満足を QWL 代替指標とした場合，「待遇に対する満足」「上司との関係満足」「成長満足」がモデルに組み込まれた。「同僚との関係満足」がモデルに組み込まれなかったものの，ギルド 7 が存在欲求，関係欲求，成長欲求の全てを有意味とするグループであることから，ERG 理論の 3 欲求に対する満足を組み込んだモデルを仮定することは妥当であることが確認された。職場継続意向については，「待遇に対する満足」が採択されなかったことから，ERG 理論の 3 欲求に対する満足を組み込んだ（4.10）のモデルを仮定することは妥当であるとはいえないと考えられる。

　しかし，この結果は，構造方程式モデリングによる QWL モデルの検証結果と一貫していると考えられる。なぜなら，重回帰分析は測定誤差をコントロールすることなく B 係数を推定するため，希薄化（attenuation）がおこり「待遇に対する満足」を棄却してしまったと考えられる。この現象は，複数項目からなる尺度の得点を全項目の点数を加算して求め，これを 1 つの変数として相関分析，（重）回帰分析にかけるときおこるもので，尺度が表す因子間の相関関係やある因子から別の因子への影響を検討したい場合には構造方程式モデリングが推奨される根拠ともなっているものである。

　以上述べてきたように，様々な課題に直面しつつも，これらの結果を総合的に踏まえるならば，仮説 2.2 は部分的にではあるが実証されたと考えられる。

　また，階層的ベイズ回帰モデルにより，標本数が通常の重回帰分析を施

すには少なすぎるギルド（ギルド1，ギルド2，ギルド3，ギルド4，ギルド6，ギルド8）について，「職場継続意向」をQWLの代替指標とした重回帰モデルをそれぞれ検証した。8つのギルドのうち，有意な影響指標を含んでいたのは，ギルド3，ギルド5，そしてギルド7であり，ギルド5とギルド7については仮説2.2を支持する結果が得られた。また，ギルド8については，有意な影響指標はモデルに含まれないモデル(4.11)であったが，いずれの指標も有意に「職場継続意向」に影響していなかった。つまり，ギルド5，ギルド7，そしてギルド8の3つのギルドについては被験者の欲求の希求パターンによって導出されるQWLモデルが支持される結果となった。

4.5 ギルドの数：どこまで倹約的であればよいか

本研究ではケアワーカーの基本的欲求を，存在欲求，関係欲求，そして成長欲求の3つとし，存在欲求には「待遇満足」，関係欲求には「同僚との関係満足」と「上司との関係満足」，成長欲求には「成長満足」を対応させQWLを検討した。基本的欲求の組み合わせによって定義されるギルドの数は，欲求数（n）に対して2^nという関係がある。したがって，ギルドの数は基本欲求数に対して指数倍的に増加してしまう。ギルド数が増えるに従い，統計解析に耐えられない標本数を持つギルドが発生してしまうことが本研究の最大の難点であった。

例えば，関係欲求については，ワーカーの同僚と上司にのみ適用範囲とし，彼らの仕事の目的そのものである利用者との関係性に対する評価はQWLに含んでいない。しかし，利用者との良好な関係はQWLを高め，そのことが現在の職場に定着しようと動機付ける可能性はありうる。

ギルドを定義づける基本的欲求概念の抽象性と具体性を上下させつつ，どのレベルの欲求概念を採用するのか。そして，採用する欲求の数とそれにより決まるギルドの数は量的調査に耐えうる標本数を確保するうえで実現可能な水準といえるものであるのか。これら課題に対する落とし所を検討することがギルド理論を検証するうえで最大の課題であるといえよう。

第2部　QWLの多様性の実証的研究

本章の要旨

　2001年11月初旬から12月末日にかけて近畿某市に所在地をもつ37施設（53施設中）に勤務するケアワーカー（介護・看護職員および日常的にケア業務をしている生活指導員も含む）1,749名を対象に，QWL，全体的職務満足，職場継続意向，燃え尽き症候群，仕事以外の生活満足を問う質問項目，基本属性などの質問項目を掲載したアンケート票による職務意識調査を実施した。585名からの回答があり回収率は33.45%であった。そのうち10通が無効回答であると判断され，有効回答率は32.86%（575通）であった。

　[仮説1]の実証については，QWLSCLの構成概念妥当性の検討がその有力な証拠になることから，[仮説1]の検証QWLSCLデータを構造方程式モデリングによる2次因子モデルの検証的因子分析を施した。

　[仮説2.1]については，ギルド理論から演繹されるとおりケアワーカー集団がさらに希求する欲求にパターンが異なる小グループ（ギルド）に分類されるか否かを検討した。方法は，各ワーカーが重要と考える欲求項目（ギルドバイナリーコード）に○を付して回答してもらった。ここでは，「存在欲求」「関係欲求」「成長欲求」欲求は3つの欲求を採用していることから，$2^3=8$つのギルドが抽出されると期待される。

　[仮説2.2]については，仮説1で確かめられたQWLが各ギルドにとっても妥当なものであるか，構造方程式モデリングと「全体的職務満足」と「職場継続意向を」の2つをQWLの代替指標とした場合を想定し重回帰分析を用いて検討した。

　本来18項目からなるQWLSCLは15項目に改訂された。2次因子モデルの検証的因子分析によって示された適合度指標はどれも，15項目版QWLSCLのデータへの適合の良さを支持した。よって，QWLSCLは構成概念妥当性を持つ尺度であることが確認された。さ

142

第 4 章　仮説の検証と考察

らに QWL は，全体的職務満足，職場継続意向，バーンアウトを有意に説明することが確認され基準関連妥当性をもつ尺度であることが確認された。以上の結果，［仮説 1］は支持されたといえる。

［仮説 2.1］のとおり $2^3=8$ つのギルドが抽出された。しかも，分布の比率は性別，職種，施設種別で差がないことが判明した。よって，［仮説 2.1］は支持されたといえる。

　全てのグループについて［仮説 1］で確認された QWL モデルが妥当かを検討したかったが，「存在欲求」と「関係欲求」を重要とするギルド 5 と 3 つの欲求全てを重要とするギルド 7 の 2 つのグループしか充分な標本数がなかったためこの 2 つのグループについてのみ分析をした。ギルド 5 については仮説 1 の QWL モデルよりも「成長満足」を除くモデルの方がデータに適合していることが明らかになった。ギルド 7 については，［仮説 1］の QWL モデルと同じモデルが仮定され，これを検討したところモデルはデータに適合していることが明らかになった。

　「全体的職務満足」と「職場継続意向を」の 2 つを QWL の代替指標とした場合の重回帰分析の結果では，ギルド 5 とギルド 7 ともに仮定モデルとは若干異なるモデルが導き出される結果となった。続いて行った階層ベイズ回帰モデルによる検討では，ギルド 7 とギルド 8 については仮定モデルが妥当であること，ギルド 5 については「同僚満足」が含まれないことを除いて仮定モデルと一致していた。以上の結果を総合すると，［仮説 2.2］は部分的に支持されたといえる。

【註】

1) 因みに（4.10）の中に（1.2）と同じモデル（QWL7）が存在している。これは，べき集合が本来の集合を元として含むという性質をもつために起こることである。このことをギルド理論に則して解釈するならば，一様な（母）集団と思われていたものの中身は，異なる特性をもつ集団からなる混合集団であり，その混合集団の中に本来想定していた母集団の一部が存在していることを意味する。

【引用文献】

Green, S.B.(1991) How many subjects does it take to do a regression analysis? Multivariate Behavioral Research, 26, 499-510.

付表B：データ

	EXS01	EXS02	EXS03	EXS04	CLLG01	CLLG02	CLLG03	CLLG04	CLLG05	SUPER01	SUPER02	SUPER03	GRWT01	GRWT02	GRWT03	GRWT04	GRWT05	GRWT06
EXS01	1.000																	
EXS02	.775	1.000																
EXS03	.630	.576	1.000															
EXS04	.402	.363	.311	1.000														
CLLG01	-.002	.001	.107	.141	1.000													
CLLG02	.046	.066	.117	.133	.627	1.000												
CLLG03	.040	.033	.065	.098	.617	.487	1.000											
CLLG04	.089	.119	.161	.153	.607	.521	.501	1.000										
CLLG05	.057	.056	.094	.197	.492	.472	.462	.736	1.000									
SUPER01	.226	.246	.226	.266	.274	.439	.256	.398	.415	1.000								
SUPER02	.274	.268	.278	.331	.336	.361	.282	.418	.417	.749	1.000							
SUPER03	.271	.248	.270	.245	.220	.303	.223	.356	.427	.562	.563	1.000						
GRWT01	-.069	-.007	-.007	.005	.067	.139	.122	.080	.064	.137	.154	.146	1.000					
GRWT02	.119	.107	.111	.159	.233	.167	.342	.191	.207	.278	.291	.239	.152	1.000				
GRWT03	.158	.133	.160	.198	.268	.243	.254	.279	.263	.327	.342	.192	.150	.474	1.000			
GRWT04	.054	.011	.010	.138	.243	.307	.259	.223	.214	.271	.232	.173	.270	.439	.398	1.000		
GRWT05	.099	.148	.106	.131	.181	.177	.153	.209	.192	.257	.227	.140	.251	.396	.380	.332	1.000	
GRWT06	-.078	-.073	-.029	.024	.162	.177	.214	.141	.116	.164	.137	.113	.456	.380	.263	.345	.268	1.000

第2部　QWL の多様性の実証的研究

	問5_1	問5_2	問5_3	問5_4	問5_5	問5_6	問5_7	問5_8	問5_9	問5_10	問5_11	問5_12	問5_13	問5_14	問5_15	問5_16	問5_17
問5_1	1.000																
問5_2	-.052	1.000															
問5_3	.490	-.107	1.000														
問5_4	-.380	.294	-.386	1.000													
問5_5	.536	-.022	.413	-.304	1.000												
問5_6	.551	-.110	.506	-.353	.534	1.000											
問5_7	.350	-.062	.314	-.219	.282	.323	1.000										
問5_8	.544	-.105	.472	-.378	.529	.459	.480	1.000									
問5_9	-.291	.259	-.177	.347	-.196	-.235	-.095	-.257	1.000								
問5_10	.410	.065	.359	-.217	.626	.464	.219	.468	-.130	1.000							
問5_11	.317	-.121	.437	-.340	.445	.475	.245	.428	-.210	.492	1.000						
問5_12	.472	.063	.412	-.204	.405	.332	.307	.479	-.151	.434	.355	1.000					
問5_13	-.358	.395	-.282	.491	-.312	-.412	-.213	-.348	.479	-.210	-.312	-.170	1.000				
問5_14	.411	-.171	.345	-.425	.433	.576	.226	.391	-.276	.443	.470	.267	-.479	1.000			
問5_15	-.355	.308	-.265	.376	-.253	-.360	-.262	-.319	.430	-.274	-.265	-.221	.541	-.347	1.000		
問5_16	.488	.048	.327	-.227	.341	.295	.418	.436	-.222	.322	.326	.603	-.193	.215	-.290	1.000	
問5_17	-.106	.288	-.108	.315	-.087	-.051	-.130	-.185	.266	-.054	-.127	-.046	.319	-.119	.326	-.103	1.000

146

第3部 提言の部

第5章

ケアワーカーのより良い人材マネジメントに向けて

　第4章の実証研究の結果，第1にQWLが職場継続意図やバーンアウトといった介護サービス組織にとって肝要なケアワーカーの組織行動を説明すること，第2にQWLは一意的に決まるものではなく，ワーカーの希求する欲求の組み合わせによって異なることが明らかになった。この研究結果を介護サービス組織の人事マネジメントにおいて実際に応用するためには，さらに本研究の追試を行い，QWLとケアワーカーの組織行動の関連の解明を待たねばならないが，現時点で可能な提言をすることは無駄ではないであろう。
　そこで本章では，まずQWLSCLの人材マネジメントの場面での利用方法についての具体的な提言と，続いてQWLの多様性を踏まえた人材マネジメントのあり方の2点について考察する。

第1節　QWLSCLのマネジメントへの利用
　　　　：実践への示唆

　村杉（1994）はモラールサーベイによって得られるデータの分析の結果を行動科学理論に照らし合わせることで職場環境の改善案が生まれ，それをフィードバックとして職場環境を修正するというマネジメント論を展開している。このマネジメント論を本研究で開発を試みたQWLSCLに適用するならば，図5.1に示すようにQWLSCLで得られるデータを分析し，

第 3 部 提言の部

現在の職場環境（介護現場）がケアワーカーにどのように受け止められているかを評価し，必要があれば改善策を講じて「新しい職場」を創りだしていくというマネジメント手法だといえる。

QWLSCL は，「待遇に対する満足」「上司に対する満足」「同僚に対する満足」「成長に対する満足」の 4 つの領域別職務満足を測定すると同時に QWL という概念を総合的に測定することが確かめられた。そこで QWLSCL を使用してサーベイ調査を行い，得られるデータを統計手法によって分析し，ケアワーカーの主観的 QWL の状態をアセスメントすることができる。以下，得点法，データ分析，解釈について順を追って説明する。

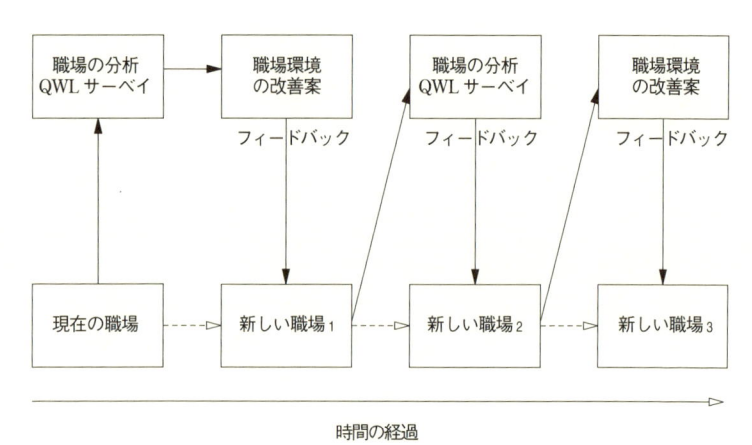

図 5.1　QWL サーベイのよるマネジメント

村杉（1994, p.7）を加筆・修正。

第5章　ケアワーカーのより良い人材マネジメントに向けて

表5.1　修正版 QWLSCL

あなたが仕事や生活全般について思っていることについてお伺いします。以下の項目を読んであなた自身にあてはまる番号（一つだけ）に○をして下さい。番号にはそれぞれ次のような意味があります。	全く当てはまらない	ほとんど当てはまらない	あまり当てはまらない	当てはまる	かなり当てはまる	非常によく当てはまる

待遇に対する満足

給料は私の年齢や業務内容に見合っていると思う	1	2	3	4	5	6
仕事の成果と給料は釣り合っていると思う	1	2	3	4	5	6
給料は同僚と比べて適当だと思う	1	2	3	4	5	6
職場の福利厚生は適切だと思う	1	2	3	4	5	6

上司との関係満足

私と上司との関係は良いと思う	1	2	3	4	5	6
私と上司との間には信頼関係が成り立っている	1	2	3	4	5	6

同僚との関係満足

私と同僚との関係は良いと思う	1	2	3	4	5	6
私と同僚との間には信頼関係が成り立っている	1	2	3	4	5	6
同僚は仕事のうえで協力的であると思う	1	2	3	4	5	6
職場の人間関係は良いと思う	1	2	3	4	5	6

成長満足

この仕事は「やり甲斐のある仕事」だと思う	1	2	3	4	5	6
この仕事は私の信念・信条にかなうものである	1	2	3	4	5	6
私はこの仕事を通じて人間的に成長していると思う	1	2	3	4	5	6
この仕事で自分の持つ資格が活かせると思う	1	2	3	4	5	6
この仕事には幅広い知識が必要であると思う	1	2	3	4	5	6

第 3 部 提言の部

1.1 得点の算出法

QWLSCL は領域別に分類されている。○のつけられた各質問項目の数字を表 5.2 のように領域ごとに加算し，領域別職務満足の得点を求める。あるいは，0〜1 の範囲を取るように得点を標準化するには，先程の領域別職務満足得点を 6×項目数で割ると標準得点を算出することができる。

表 5.2　QWLSCL の得点法

領域別職務満足	得点法
待　遇	項目 1 + 項目 2 + 項目 3 + 項目 4
上　司	項目 5 + 項目 6
同　僚	項目 7 + 項目 8 + 項目 9 + 項目 10
成　長	項目 11 + 項目 12 + 項目 13 + 項目 14 + 項目 15
QWL	待遇 + 上司 + 同僚 + 成長

1.2 データ分析と解釈

分析と解釈については対象レベルつまり，個人レベル，グループレベル，組織レベルごとに考える必要があるが，データ分析はどのレベルにおいても主に平均とパーセンタイル（もしくは 4 分位数）を算出する。

平均は先程の 1 のところで求めた領域別職務満足と QWL の得点をそれぞれサーベイ調査に参加した人数で割ることで求められる。なお，グループ別（職種別，雇用形態別など）に平均を求める場合には，グループごとに被験者の得点を加算しそれをグループのメンバーの人数で割る。パーセンタイルについては，今回のデータから表 5.3 のようなパーセンタイル表を作成した。

第5章 ケアワーカーのより良い人材マネジメントに向けて

表5.3 領域別職務満足とQWLのパーセンタイル

パーセンタイル		待遇	同僚	上司	成長	QWL
95%	かなり良好	17	22	10	28	71
90%	良好	16	20	9	27	67
75%	普通	14	18	8	25	63
50%	やや注意	12	16	7	22	58
25%	要注意	10	15	6	20	53

 さて，個人レベルの分析とその結果の解釈の方法の1つに，パーセンタイル表を利用する方法がある。パーセンタイル表を使って，得点が位置するパーセンタイルによって領域別職務満足もしくはQWLの状態を評価することができる。表5.3では50パーセンタイルを「やや注意」，25パーセンタイルを「要注意」としてみた。
 グループレベルについては，例えば職種別（介護職・看護職・指導員の別）や雇用形態別（常勤・非常勤別）に算出した平均を比較検討する。グループ間の平均を比較するには，単に平均の高低を見比べることが直感的にとてもわかり易いが，さらにグループ間の平均の差に統計学的有意性があるかをt検定や分散分析を使って検討することも重要であろう。
 近畿某市のデータを例に，職種別と雇用形態別に領域別職務満足とQWLの得点の平均に差があるかどうかを検討してみた。
 職種別に領域別職務満足の得点の平均に差があるかどうかを一元配置分散分析で検討したところ，待遇得点だけにグループ間の平均に差があることが判明した（表5.4）。介護職と指導員との間に約2点の差があり，表5.3をみると指導員の多くは「要注意」とされる25パーセンタイルに位置する者が他のグループよりも多いことを示している。
 次に雇用形態別に領域別職務満足の得点の平均に差があるかどうかをt検定で検討したところ，得点の平均に差のある領域別職務満足は1つも見出されなかった（表5.5）。

表5.4　分散分析の結果

	職種	N	平均値	F値
待遇満足（N=558）	介護職	451	12.00	4.61**
	看護職	73	11.38	
	生活指導員	34	10.32	
同僚満足（N=565）	介護職	454	16.18	1.60
	看護職	76	16.87	
	生活指導員	35	16.29	
上司満足（N=567）	介護職	458	7.11	1.33
	看護職	75	7.49	
	生活指導員	34	7.15	
成長満足（N=570）	介護職	459	22.54	0.08
	看護職	76	22.37	
	生活指導員	35	22.46	

**$p<.01$

表5.5　t検定の結果

	雇用形態	N	平均値	t値
待遇満足	常勤	367	11.79	−1.56
	パート	158	12.28	−1.54
同僚満足	常勤	371	16.12	−1.74
	パート	160	16.63	−1.69
上司満足	常勤	373	7.10	−1.65
	パート	160	7.39	−1.67
成長満足	常勤	374	22.35	−1.72
	パート	162	22.92	−1.64

第5章　ケアワーカーのより良い人材マネジメントに向けて

　このような分析を組織ごとに行うことによって，組織はケアワーカーのQWLの状態を詳細に評価することができる。

　次に，単に平均値やパーセンタイルの検討するのではなく，組織が関心を寄せる組織行動（職場継続／離職意図，欠勤，バーンアウトなど）との関連の仕方に注目した分析方法も考えられる。例えば図5.2のようにQWLと職場継続意図の関連の仕方を視覚化すると，職場継続意図が低くなるQWLの得点の範囲を検討することができる。付表A調査票の問1_19では，「私は，これからも今の職場で働き続けたいと思う」という問に対し，"全く当てはまらない"から"非常に良く当てはまる"の6段階で回答を求めている。問1_19への回答を横軸に，QWL得点を縦軸にとって回答ごとの分布をプロットすると，図5.2を見てもわかるようにQWLと職場継続意図には正の相関関係（r=.504）が存在する。例えば，図の縦横の軸をそれぞれ3分割して3×3のマトリックスを描画し，一番右上から左斜め下に順に「良好」「グレーゾーン」「要注意」とし評価するという方法も直感的に理解しやすいといえる。

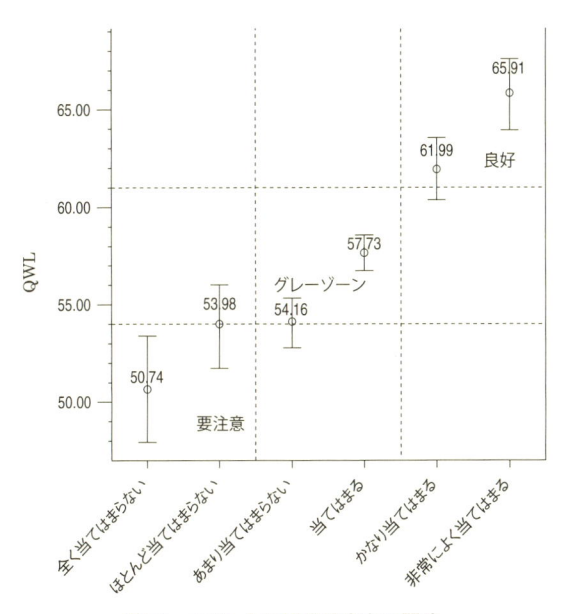

図5.2　QWLと職場継続意向の関連

1.3 インフォメーション・シェアリング

　筆者は，社会福祉組織の運営管理者（マネージャー）はソーシャルワーカーのごとく，マネジメントを行うべきではないかと考えている。いや，そもそも組織の運営管理者（マネジャー）はよくソーシャルワーカーになぞらえられてきた。その理由は両者の知識と技術には多くの共通点が存在するからである。

　一般的にマネジャーには，技術的手腕（technical skill），人的熟練（human skill），そして思考的熟練（conceptual skill）の3つの熟練した技能が求められる。技術的手腕とは，具体的な課題について教育と豊富な経験に裏付けられた高度な知識，方法，テクニック，道具を運用できる技能を指す。人的熟練とは，人々との効果的な共同を可能せしめる人間関係を構築する能力を指し，思考的熟練とは組織が置かれている複雑な状況を包括的に理解する能力を指している。クライエントの生活全般に関わる諸問題の解決を援助することを目的とするソーシャルワークにも同様の技能が求められることは改めていうまでもない。それはマネジャーもソーシャルワーカーも問題解決過程において，図5.3に示すようなプロセスをたどることからも明らかであろう。

　さて，問題解決プロセスにおいて，マネジャーとソーシャルワーカーは先程の3つの技能の中でも特に人的熟練の修得が必須である（図5.4）(Hersey 1996)。なぜならば，問題解決プロセスはマネジャーもしくはソーシャルワーカーがワンマンに遂行するものではなく，問題に関わる全ての人々との共同作業だからである。思考的熟練によって練られる戦略は，技術的手腕と人的熟練によって具体化する。特に人的熟練によってもたらされるマネジャーと職員の信頼関係，マネジャーをリーダーとするチームの結束（cohesion）は問題解決能力を高めてくれることは明らかである。

　さてQWLSCLを使用したマネジメントに話をもどすと，人的熟練によってもたらされるチームとしての結束を維持もしくは強固なものにするためには，問題解決プロセスに関わる人々と情報の共有，インフォメー

第5章 ケアワーカーのより良い人材マネジメントに向けて

ション・シェアリングが必要になってくる。先程の図5.1に示したQWLサーベイによるマネジメントでは職場分析にQWLサーベイを使用する。これは職員が職場環境をどのように知覚（評価）しているかを明らかにすることが目的なのであるが，管理者と職員がそれぞれ知覚する職場環境は異なっているであろう（第2章の図2.5を参照）。

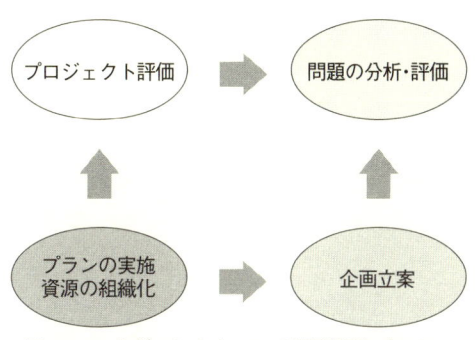

図5.3 マネジメントとSWの問題解決プロセス

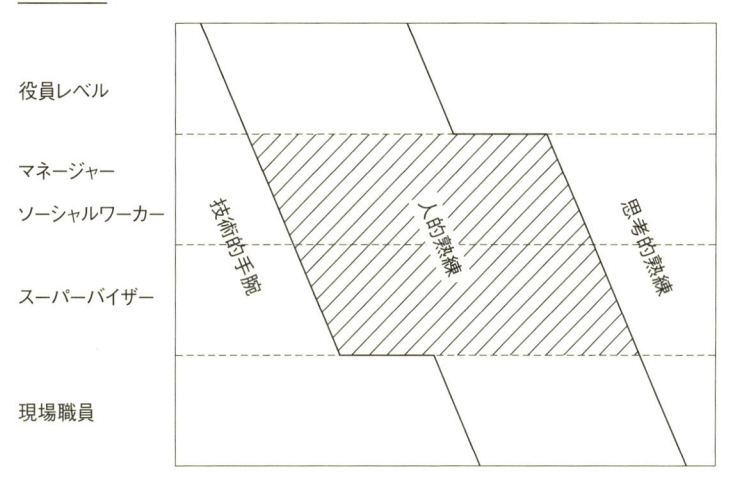

図5.4 管理レベルごとに必要とされる技能

（Hersey et. al. 1996, p.12）を加筆・修正した。

157

管理者は現在の職場環境は「適切」と評価しても，職員は改善が必要であると認識しているかもしれないのである。この両者間にある知覚される職場環境の違いを修正してくれるのがQWLサーベイであり，QWLサーベイから得られる情報（データ分析の結果）は職員にも開かれるべきである。QWLと労働の人間化運動は職場環境の民主化がその中心的な柱である。つまり，組織に関わる人間が可能な限り組織にまつわる情報にアクセスすることができ，なおかつ意思決定に参与する機会が与えられなければならないのである。インフォメーション・シェアリングは，同じ組織に所属している者として，「組織のよりよい未来」を目指そうとする結束をもたらすとともに，職員との意見交換の場を必然的に増やしマネジャーに求められる人的熟練を促す効果を期待できるといってもよい。

第2節 多様性と人材マネジメント

2.1 人材確保の壁

高齢化がますます進行する今日，高齢者の生活支援の主軸を担うケアワーカーの確保は高齢者福祉の最重要課題の1つである。ところが，高齢者福祉施設のケアワーカーという職種は，いわゆる多くの人々が羨望する職種といえるようなものではない。高齢者の生活のほぼ全領域にわたる気遣いと世話をその職務の核心とするこの仕事は，身体的にも情緒的にも多大なエネルギーが要求される，いわゆるキツイ仕事である。

さらに，人命を預かる仕事であるがゆえの高度な責任と知識，そして福祉的使命感・価値観も併せて求められる仕事である。にもかかわらず，その割には通常の労働者があたりまえに求めるところの賃金や待遇，ひいては社会的地位といったものについて大きな見返りを期待できない仕事であるというのも事実である。実際に，ケアワーカーの離職率は高い。ある全国規模の調査によれば，訪問介護職員，施設介護職員の年間の離職率は17.0%と全産業平均14.2%より2.8ポイントも高い（介護労働安定セン

ター,2010)であった。本調査の結果でも,常勤正規職員の平均勤続年数は3年程度と定着率の悪さを示している。

　離職を抑制し定着率を上げることが重要な理由は,離職が作業組織にもたらす様々なコスト所以である。新しい職員を採用する際の経済的・時間的コストや,退職金や失業保険税の増加などの経済的コスト,そして何よりも,欠員が出ることによる業務量の増加によって,他の職員の身体的・心理的負担を増加させ,結果的に組織全体の生産性を著しく低下させることが大きな問題なのである(Cascio 1998)。介護現場においても,これら離職によるこれらコストもさることながら,利用者に満足してもらえる質の高いサービスを常に提供するうえで,熟練したケアワーカーを十分に配置できないことは大きな障害となる。またサービス利用者にとっても,毎日顔を合わせる介護ワーカーが短期間のうちに頻繁に入れ替わることによってもたらされる心理的コストは無視することのできない問題である(Kiyak et. al. 1997)。

　堀之内(2002)は,日本のケアワーカーの定着率の悪さの原因として,①ケアワーカーが仕事からくる心の悩みを解決する方法を知らないこと,②ケアワーカーとしての専門的な訓練と自己成長のための訓練の不足,そして、③ケアワーカーの自己成長を支援する継続的かつ体系的訓練を提供することのできるスーパーバイザーやトレーナーの不在,以上の3点を指摘する。現場では,ケアワーカーなど福祉を仕事にする人間には,奉仕・寛容・忍耐といった精神主義的な職務態度が強く求められる一方,職場環境の改善といった,彼らの職業生活を支援する取り組みは殆どなされていないのが現状である。

2.2　「介護労働の人間化」をめざして
　　　：平均的ワーカーからギルドへ,そして,ギルドから個人へ

　本研究により,QWLの多様性は部分的にではあるが実証的に明らかになった。このことは,ワーカー集団はギルドという複数のグループから構成されており,ワーカー全体(集団)を一様な集団として扱ってきた人材

第3部　提言の部

マネジメントのあり方に大きな課題を突きつける。

　その領域にかかわらず，これまでの人材マネジメントは，たとえば実証研究によって統計的に見出された「平均的ワーカー」に準拠してきたといえる。しかしながら，そのような人材マネジメントによる職場環境改善などの施策がターゲットとして捉えてきたのはあくまで「平均的ワーカー」以外の何者でもないことを忘れてはならない。仮に，有能なワーカーたちの定着率を上げるために講じられた施策が，それ以外のワーカーたちについては効果があったものの，本来のターゲットである有能なワーカーについて効果がないことは充分ありうる。ギルドに則して例をあげるとするならば，仕事を通じて自らの人間的成長を求めるギルドに属するワーカーたちにとって，「昇給」はさほど評価に値する職場環境改善策とは映らないかもしれない。

　これらのことを考慮すれば，ケアワーカーのなかにも様々な思惑をもってこの仕事に就いていると考えるのはごく自然であろう。必要最低限の賃金に満足し，そのうえで日夜，高齢者の福祉を実現せんと仕事に励むワーカーもいる一方で，例えば，きわめて厳しい不況のなかこの仕事しか就けない者もいるであろうし，そんな彼らが仕事に求めるものは賃金のみということもありうる。

　第4章の仮説2.2の検証では，回答者が仕事に求める欲求のパターンは様々で，実際に待遇のみを重要とする回答者も19名（3.4％）いたことが確認されている。このように，ケアワーカーを一括りに理解することには限界があり，人材マネジメントはこの多様なケアワーカーのありようを受け止めつつ，いかに彼らを通して良質なケアサービスを高齢者に提供できるかを検討しなければならない。

　それにはまず，組織はケアワーカーのニーズ把握の一環として彼らが仕事に何を求めているかを把握する必要がある。具体的には，匿名性を確保しつつ，QWLサーベイに併せて本研究でおこなったように，ギルドバイナリーコードをつかった質問項目を使用してギルドの分布を確かめることも可能であるし，一対比較法による欲求の重要度の程度の比較検討も可能であろう。

第5章 ケアワーカーのより良い人材マネジメントに向けて

このようなニーズ分析の結果，組織の理念・価値に照らし合わせて問題視されるようなギルド，例えば，待遇のみを重要とするケアワーカーの数が大勢を占めていることが判明した場合，組織の運営管理者はそのグループに準拠した施策を講じる必要があろう。特に，組織の運営管理者みずからが先頭にたち，高齢者の福祉を支える「ケアワーカーという仕事」の重要性の啓蒙はもちろんのこと，滅私奉公的な仕事を強いるような業務体制があるとすれば「労働の人間化」を念頭においた労働環境や条件の改善に努めることが求められる。

さて，「労働の人間化」運動とは，実は，賃金の改善や労働環境の整備の要求ということ以上に，職務内容の改善とその充実によって，労働者の仕事における自己能力の発揮ができるような労働環境整備への要求であり，労働における「自己実現」を求める運動であった（杉村 1997）。「働くことは，収入を得ることであると同時に，自分の能力を具体的に発揮したり成長したりし，他の人と協力したり交流したり，社会という広い世界に参加し貢献する活動」（杉村 1997：18）であり，この流れは介護労働の現場においても求められて然るべきであろう。

ケアワーカーたちが，自分たちの仕事が生活の必要を満たすだけの経済的安定を保証してくれることを実感しつつ，自分たちの仕事がサービス利用者の生活を支えているという社会的に意義深い仕事であると実感でき，専門家として日々の仕事を通じて自己の成長を経験できるような職場環境づくりが求められる。そのためには，人材マネジメントが「個別化」の視点を積極的に導入し，個別の職業生活を具体的に支援する体制を整えていく必要がある。

しかしながら，周知のとおり介護現場の大半が介護保険制度施行のずっと以前から長きにわたって独占的に介護サービスを提供してきた社会福祉法人であるということを考慮すれば，ビジネス畑で醸成されてきた人材マネジメントをそのままの形で介護現場に持ち込むことにはかなりの無理がある。介護現場はビジネス組織とは異なる独自の発達史をもっており，それゆえに，独特な組織文化と価値体系をもっているのである。

もちろん，介護保険制度が施行されて12年目を迎えた今日，市場原理

161

第3部　提言の部

のもと介護サービスの商品化がますます加速化するなか，介護現場は自分たちが提供する介護サービスを差別化しないと生き延びることができない時代に突入したことは確かである。それだけに，それぞれの介護現場は今後ますます市場における自らの位置を確立していく努力が要求され，いつしかビジネス領域で実践されている人材マネジメントが当然のように取り入れられる時代がやってくるであろう。ここで重要となるのは，そのような時代の波がやってくるのをただ漫然と待っているだけでなく，それぞれの介護現場で実行可能な取り組みを一つ一つ積み上げていくことが必要なのである。

では，具体的にどのような取り組みが可能なのであろうか。この点については，今般，高齢者福祉分野に限らず他の社会福祉関連分野でも求められているスーパーバイザーやトレーナーの十分な配置が重要な鍵を握っているのではなかろうか。ケアワーカーは自分たちの仕事について，それぞれ固有の悩みや迷いに直面していると考えられる。

仕事の出来不出来，あるいは同僚や上司そして利用者との人間関係などについて悩んだとして，もし誰にもそのことについて指導・助言を求めることができないとすれば，ただでさえ身体的・情緒的エネルギーの消費を

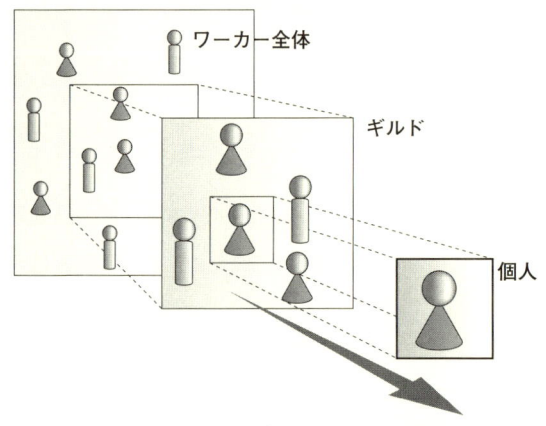

図5.5　人材マネジメントの新たな視点

求められる「ケアワーカーという仕事」を続けることができなくなるか，バーンアウトを促進してしまうようなことになりかねない。

　そして，このことがケアサービスの低下を招くのであるとすれば，高齢者社会福祉施設の社会的使命の実現そのものが揺らぐこととなる。堀之内（2002）は，ケアワーカーが自己成長するためには，専門的・実践的な知識とスキルの獲得という専門家としての部分と他者との関係性を有り様を大きく左右する人間としての部分の成長と課題を解決しなければならないと述べている。しかし，これらの課題は自分ひとりで解決できるというものではなく，すでにこれらの課題を乗り越えかつ第三者に訓練を専門的に提供することができるスーパーバイザーやトレーナーの存在が必要になるのである。

　では，誰がスーパーバイザーに相応しいのか，その適性については今後，研究と現場の双方から検討されなければならないが，少なくともケアワークに精通しスーパービジョンに関連する行動科学の知識・技能を有する人物であることはもちろんのこと，組織やその運営管理者と独立した立場にある人物がこれにあたることが相応しいのではないかと思われる。

　以上のことをまとめると，図5.5に示すように，人材マネジメントは"平均的ワーカー"という幻影を手放し，ギルドのような価値志向を同じくするグループ，さらには"個人"へとその焦点を移行していく必要があるのではなかろうか。

第3節　結び

　"高齢者の健康と生きがい"を実現するために"施設"という現場が提供するケアサービスの質の向上と確保をどのように図っていくのかということが今後ますます問われてくる。

　では，ケアサービスの質はどのように評価されるものなのであろうか。サービス評価とは，通常，事前の「状態分析」「目標設定」「計画立案」からなる事前評価と，サービスが「投入資源の評価」「過程」「結果」「効率」

の4側面からみて妥当に提供されたかを評価する事後評価からなる（冷水 1996）。そして，サービスの評価者は，主にサービス提供組織の職員，外部の第三者，サービス利用者の三者である。ケアサービスが本来利用者の生活の質（QOL）を確保・向上させることを目指すのであれば，サービス利用者による評価は最も重要視されるべきであろうが，日本ではこのような利用者本位の視点（consumer-oriented perspective）に立ったケアサービス評価の取り組みはそれほど進んでいないように思われる。利用者により良いサービスを提供するためには，その当事者である利用者のサービス評価が不可欠となる。つまり，サービス利用者がケアサービスのどのような側面に対して満足そして不満足なのかを明らかにすることは，将来のサービスの質の向上・改善の取り組みにとって重要な手掛かりとなるからである。

　ここに，利用者本位の視点に立つあるサービス評価モデルを紹介したい。図5.6が示すように，Gyllenpalm (1995)は，サービスの質は，人的質（human quality），技術的質（technical quality），利用者の認識（customer perception）によって決定するとしている。それぞれ順を追って説明しよう。

　まず，人的質とは，組織内の人間関係の良好さ，従業員の奉仕精神（service-mindedness），従業員の職務態度によって決まる。組織構成員同士が組織のミッション（使命）を共有し，チームとして一丸となってそのミッションを達成しようとする意識と態度を持つことによって人的質は達成されるのである。

　次に，技術的質とは，主にサービスに関するノウハウ（know-how）の水準とノウハウを実際に支援する設備の充実によって決定する。さらに，サービス提供にまつわる課題に直面した際にこれを分析・評価し，その課題を解決する能力も求められる。より良いサービスの開発においてもこの課題解決能力は必要不可欠であり，より良いサービスを生み出すことのできない組織の市場における競争力は低下し続けるといっても過言ではない。

　最後に，利用者の認識（あるいは評価）とは，事前に持つ利用するサービスへの期待と，実際にサービスを利用した結果生じる。単に事前の期待

第5章　ケアワーカーのより良い人材マネジメントに向けて

がどの程度満たされたかではなく，実際にサービスを利用（経験）して実感するサービスの効用が利用者のサービスに対する認識を決定するのである。

　Gyllenpalm（1995）のモデルは，そのまま高齢者のケアサービスにも適用できる。つまり，サービスの質は，ケアワーカーの質，ケア技術の質，自らが認識するサービスの全体像によって決定するということである。さらに，これらケアサービスの質の内容を構成する3つの要因も互いに関連していると思われる（図5.6の点線矢印）。

　まず，人的質と技術的質は利用者の認識に直接影響すると考えられる。ケアサービスはケアワーカーによって利用者に直に提供されるが，それに伴い，ケア技術は利用者自らが受けるケアによって生じる身体的な快不快によって，ケアワーカーの態度と奉仕精神は，ケアワーカーが自分にどのように接しながらケアを提供しているかを実際に傍らで観察することによって評価することができる。このように，利用者にとってケアサービスの人的質と技術的質はケアワーカーという媒体を通じて現れるものである。最近の研究によれば，施設入所高齢者のサービス満足度は，施設職員の態度とサービス内容から最も影響を受けていると報告している（神部ら2002）。

　次に，ケア技術はそれを携えるケアワーカーの熟練，使命感，態度などに大きく左右される。ケアのノウハウは，資格制度といったかたちで客観的にある程度確保され，また改善され続けていく。ケアワーカーは，ノウハウを教育・訓練と実践経験を通じて身につけるが，ケアサービス提供の実際の場面において，ノウハウが最大限に発揮されるか否かはケアワーカーの側にあるといえる。ケア業務は身体的・精神的な負荷が大きい。ノウハウを最大限に発揮するとなれば，ケア業務に付帯する「利用者の福祉の実現」といった価値・理念やケアサービス組織のミッションをケアワーカーが充分に引き受けたうえで，奉仕精神と適切な職務態度の最大限の導入が求められるであろう。このように，ケアサービスの技術的質はそれを扱うケアワーカーの質に影響を受けるのである。

第3部 提言の部

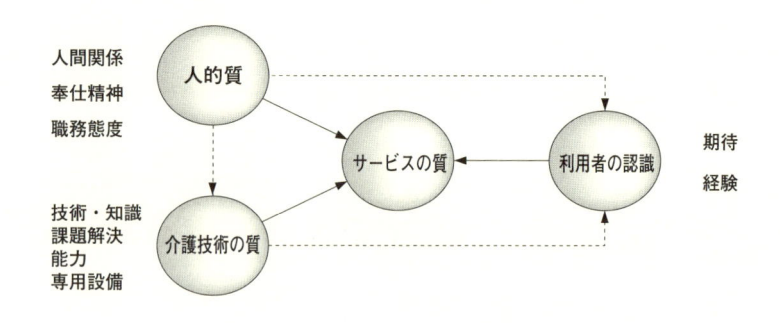

図5.6 サービスの質の概念図

Gyllenpalm (1995) を筆者が修正・加筆した。特に点線は筆者が付した。

さて，以上のことを総合的に考察すると，利用者本位の視点に立ったケアサービスの質の確保（あるいはコントロール）とは，人的質，技術的質，利用者の認識の3つの要因をいかに効果的にマネジメントするかにかかっているといえよう。その中でもとりわけ，人的質が技術的質と利用者の認識に影響するとなれば，人的質の管理，すなわち，人材マネジメントの役割は重要になってくる。そして，人材マネジメントの鍵となるのは，先にも述べたように，ケアワーカーの組織行動学が必要になってくるのである。

本研究のそもそもの動機は，高齢者社会福祉施設が限られた空間と人的資源のなかで，どのように利用者の生活の質を支援することができるであろうかという，実にあたりまえの問いかけに端を発する。そして，この問いを考えれば考えるほど，施設のハード面の充実を超えて，ケアワーカーのQWLの支援こそが結果的に利用者の利益に通じると考えるに至った。つまり，ケアワーカーは身体的にも情緒的にも充実してこそ，はじめて利用者に良いケアを提供できるのである。

「労働の人間化」を謳うQWLアプローチによる人材マネジメント論は利用者，職員，施設の三者全てが利益を享受すべきであるとの理念を掲げる。介護保険制度導入に伴って措置制度の役割が縮小する一方の今日，高齢者社会福祉施設も利益追求型の経営努力を余儀なくされつつあるが，そのしわ寄せを利用者と職員に負わせることがあってはならない。高齢者社

第5章　ケアワーカーのより良い人材マネジメントに向けて

会福祉施設の置かれている状況は決して楽観視できるものではないが，それでもなお，利用者，職員，施設の三者が"福祉"を享受できるよう何らかの具体的な取り組みを始めなければならない。その1つの候補として，QWL アプローチによる人材マネジメント論は存在し，その実現に向けて本研究のような QWL の解明作業が今後ますます求められると考える。

第 3 部　提言の部

【引用文献】

Cascio, W.F.（1999）Managing Human Resources: Productivity, Quality of Work Life, Profits 5th Ed., Irwin McGraw Hill.

Gyllenpalm, B.（1995）Ingmer Bergman and Creative Leadership. Toro, Sweden: Stabin.Hersey, P., Blanchard, K. and Johnson（1996）Management of Organizational Behavior 7th ed, Prentice Hall.

Kiyak, H.A., Namazi, K.H., and Kahana, E.F.（1997）Job commitment and turnover among women working in facilities serving older persons. Research on Aging, 19(2), 223-246.

村杉健（1994）『モラールサーベイ』税務経理協会。

冷水豊（1996）「福祉計画におけるサービス評価」定藤丈弘他（編）『社会福祉計画』有斐閣，179-193。

介護労働安定センター（2010）『介護労働の現状について—平成 21 年度介護労働実態調査を中心に』（財）介護労働安定センター。

堀之内高久（2002）『介護職者のためのストレス対処法』中央法規出版。

補章　日本・韓国・中国職員の職務満足構造

補章　日本・韓国・中国職員の職務満足構造

第1節　はじめに

　日本のみならず東アジア諸国の人口の急速な少子高齢化は欧米諸国のそれと比べてきわめて速い。人口高齢化率が7％から14％に倍化するのに概ね欧米諸国で半世紀以上かかるのに対して，日本は24年，韓国は18年，そして中国は25年と非常に短い期間で高齢社会に転換する（OECD 2006; JICA 国際協力総合研修所 2006）。

　人口の高齢化に伴って増加し続ける要介護高齢者に対応すべく東アジア諸国では様々な対策が講じられている。なかでも，2000年に導入された日本の介護保険制度，そして2008年に韓国で施行されるスバル保険制度はその代表的なものであろう。いずれも在宅・施設サービスを柱に介護施設及び人材の拡充を前提としているが，その道程は極めて厳しいといわざるをえない。特に人材難は深刻である。

　韓国は，スバル保険制度施行までに施設・在宅サービスを2005年段階の規模の倍にしなければならない（増田 2007）。しかし，施設の拡充もさることながら，制度が定めている人材配置基準を現存施設の多くが満たせないでいる（文 2006）。

　一方，日本では介護労働者の職場離れが止まらない。全国老人施設協議会（2007）が行った調査によれば，介護職者の年間離職率は21％にのぼり全産業の平均16％に比べて明らかに高いことが判明した。しかも離職者の8割が3年未満で職場を去るという深刻な状況にある（全国老人施設協議会 2007）。

　人材不足が介護サービス供給システムに与える影響は計り知れない。施設があってもそこに人材が存在しないのであればサービスを提供できない。事実，筆者は，開設はしたものの必要な人員を確保できず止むを得ず利用者の定員数を減らして開所した施設の存在を知っている。全国の特別養護老人ホームの入所待機者数は2006年度で38万5,500人にのぼり，特に都市部の多くの施設・自治体は多くの入居待機者を抱えている（中澤 2006）。

介護サービスの人材拡充どころか現任者の流出に歯止めがかからない背景にはインセンティブ設計の失敗があるといえる。特に，賃金水準は低い。介護労働者の平均年齢は42.6歳だが，「月給の者」の所定内賃金の平均は213.8千円である（介護労働安定センター 2007）。他業種と比較するとこの水準は大卒の初任給程度でしかない。賃金の低さは，保険料，サービス料，そして介護報酬等の制度設計に関わる問題であり，今後のこの問題に対するより踏み込んだ政治・政策論的議論が必要であろう。

　さて，金銭的インセンティブばかりが職務上のインセンティブではない。職場での仕事の内容，人間関係といった非金銭的インセンティブもある。作業組織一般は，そこに従事する従業員に適切なインセンティブを与えながら職務に対する動機付けを高め，人材の量・質の確保を図るための人的資源管理を展開することが求められる。

　しかし，日本のみならず東アジアの福祉分野における人的資源管理に関する研究は殆どなされていない。離職行動や欠勤等，組織にそって望ましくない組織行動を説明する職務満足についても十分とはいえないのが現状である。

　本研究では，すでに日本の介護老人福祉施設職員を対象として先行研究によって示されている職務満足構造を基本モデルとし，このモデルが韓国・中国の職員の職務満足構造に適応可能であるか否かを検討することを目的とする。

第2節　先行研究

　東アジア圏の介護老人福祉説職員の職務満足に関する研究は殆どなされていない。看護師（nurses）に関する文献は散見できるが，ナーシング・ホーム（nursing homes）などの介護老人福祉施設に相当する施設職員の職務満足に関する研究は見当たらない。日本の職員を対象とした研究についても散見するにとどまる（東條・前田 1985；冷水・浅野 1985；中野 2000；中野・福渡 2001；中野・福渡 2002；渡部ら 2002；Lee 2003, 渡部ら

2003, 渡部・料所 2005)。

それら研究の多くは，欧米の先行研究によって示されてきた職務満足構造（あるいは領域別職務満足）を仮説として採用している。実際，使用される測定尺度は職務満足研究では最も使用されてきた Job Descriptive Index (JDI) (Smith et al. 1969) を翻訳・改定したものである（東條・前田 1985；冷水・浅野 1985；中野 2000；中野・福渡 2001；中野・福渡 2002)。

JDI は職務満足を「仕事に対する満足」「昇進の機会に対する満足」「同僚との関係に対する満足」「給与に対する満足」そして「上司との関係に対する満足」の5領域からなると仮定する。これら5つの領域別職務満足は Maslow（1943；1954）をはじめとする欲求理論群が示す欲求資源と一致する。

例えば，Maslow（1943；1954）が示した基本的欲求資源群との対応関係では，「仕事に対する満足」と「昇進の機会に対する満足」は自己実現欲求に相当し，「同僚との関係に対する満足」と「上司との関係に対する満足」は愛情欲求に相当する。そして「給与に対する満足」は生理的欲求と安全欲求とに対応する。

Lee（2003）は Alderfer（1972）が提唱する ERG 理論に基づき4つの領域別職務満足を測定する Quality of Working Life Scale (QWLSCL) 開発した。ERG 理論は Maslow（1943；1954）が示した5つの欲求間の階層性を見直すとともにそれら欲求を「存在欲求」「関係欲求」「成長欲求」の3欲求に再編しなおしている。QWLSCL はこれら3つの欲求に対応する「成長欲求に対する満足」「上司との関係に対する満足」「同僚との関係に対する満足」「待遇に対する満足」を測定する4つ下位尺度からなる（表1）。

共分散構造分析を用いた2次因子モデルの検証的因子分析により QWLSCL の構成概念妥当性が確認されており，信頼性についても「待遇に対する満足」で信頼性係数 $\rho\gamma$=.89,「上司との関係に対する満足」で $\rho\gamma$=.92,「同僚との関係に対する満足」で $\rho\gamma$=.94,「成長欲求に対する満足」で $\rho\gamma$=.82 と高い信頼性が確認されている。また，4つの領域別職務満足度得点は全て全体的職務満足度得点に有意に影響していることが判明して

いる（Lee 2003）。

　本研究では，QWLSCLを中国語と韓国語にそれぞれに翻訳し，それらの尺度を用いてQWLSCLが仮定する職務満足の4因子構造を仮説モデルとし日本の職員と同様に韓国と中国の介護老人福祉施設で働く職員にも適用可能かを検討する。

第3節　方法

3.1　標本について

　韓国データは介護老人福祉施設職員全国研修会にて調査票を一斉配布，中国データは介護老人福祉施設（蘇州，上海に所在地を持つ3施設）に留め置きした。韓国の施設職員からは215名（うち男性21名，女性180名，不明14名），中国の施設職員からは453名（うち男性117名，女性290名，不明46名）からデータを得た。

　平均年齢は，韓国が37.89歳（男性36.39歳，女性37.77歳）中国は42.65歳（男性44.48歳，女性41.85歳）であった。

3.2　測定尺度

　QWLSCLは二カ国語使用者により日本語から韓国語および中国語への翻訳およびバックトランスレーションが行われ韓国語版・中国語版QWLSCLがそれぞれ作成された。

3.3　分析方法

　QWLSCLにより得られた韓国データと中国データそれぞれに対して重み付けのない最小二乗法・Promax回転による因子分析を行った。なお，因子の採用は固有値1以上のものを，項目については因子負荷量が.4以

補章　日本・韓国・中国職員の職務満足構造

表1　QWL測定尺度項目

質問項目

待遇に対する満足（EXS）

EXS01	給料は私の年齢や業務内容に見合っていると思う
EXS02	仕事の成果と給料は釣り合っていると思う
EXS03	給料は同僚と比べて適当だと思う
EXS04	職場の福利厚生は適切だと思う

上司との関係満足（SUPER）

SUPER01	私と上司との関係は良いと思う
SUPER02	私と上司との間には信頼関係が成り立っている

同僚との関係満足（CLLG）

CLLG01	私と同僚との関係は良いと思う
CLLG02	私と同僚との間には信頼関係が成り立っている
CLLG03	同僚は仕事のうえで協力的であると思う
CLLG04	職場の人間関係は良いと思う

成長満足（GRWT）

GRWT02	この仕事は「やり甲斐のある仕事」だと思う
GRWT03	この仕事は私の信念・信条にかなうものである
GRWT04	私はこの仕事を通じて人間的に成長していると思う
GRWT05	この仕事で自分の持つ資格が活かせると思う
GRWT06	この仕事には幅広い知識が必要であると思う

上を示すものを採択することとした。

データごとに QWLSCL の基準関連妥当性を検討するために，各因子得点を独立変数としてまた「全体的職務満足」を従属変数として重回帰分析を行った。

第4節　結果

4.1　因子分析の結果

まず，韓国データに因子分析を施したところ固有値の変化から4因子が妥当であることが判明した。そこで4因子を仮定し重み付けのない最小二乗法・Promax 回転による因子分析を施したところ，EXS04 因子負荷量が.4未満を示したためこれを分析から除外し，再度因子分析を施した。回転後の因子パターンを表2に示す。回転前の4因子で14項目の全分散の 71.89% を説明している。

第1因子は「同僚との関係に対する満足」を測定する下位尺度の4項目全てで構成されており「同僚との関係に対する満足」因子と因子間相関を命名した。

第2因子は「成長欲求に対する満足」を測定する下位尺度の5項目全てで構成されており「成長欲求に対する満足」因子と命名した。

第3因子は「待遇に対する満足」を測定する下位尺度の3項目で構成されており「待遇に対する満足」因子と命名した。

第4因子は「上司との関係に対する満足」を測定する下位尺度の2項目で構成されており「上司との関係に対する満足」因子と命名した。

内的整合性を検討するために各下位尺度のα係数を算出したところ，「同僚との関係に対する満足」でα=.89,「成長欲求に対する満足」でα=.83,「待遇に対する満足」でα=.77,「上司との関係に対する満足」でα=.70 と十分な値を示した。

次に，中国データに因子分析を施したところ固有値の変化から2因子

補章　日本・韓国・中国職員の職務満足構造

表2　韓国データの因子分析結果（Promax 回転後の因子パターン）

		I	II	III	IV
CLLG02	私と同僚との間には信頼関係が成り立っている	**.840**	−.083	−.055	.112
CLLG04	職場の人間関係は良いと思う	**.836**	−.016	.001	.007
CLLG01	私と同僚との関係は良いと思う	**.811**	.132	−.038	−.051
CLLG03	同僚は仕事のうえで協力的であると思う	**.777**	.030	.109	−.058
GRWT04	私はこの仕事を通じて人間的に成長していると思う	.008	**.847**	.004	.011
GRWT02	この仕事は「やり甲斐のある仕事」だと思う	−.088	**.844**	−.045	.041
GRWT03	この仕事は私の信念・信条にかなうものである	−.035	**.663**	.057	.087
GRWT06	この仕事には幅広い知識が必要であると思う	.074	**.527**	−.016	−.084
GRWT05	この仕事で自分の持つ資格が活かせると思う	.139	**.517**	.019	−.018
EXS02	仕事の成果と給料は釣り合っていると思う	−.077	.021	**.813**	.037
EXS01	給料は私の年齢や業務内容に見合っていると思う	.000	.004	**.792**	−.087
EXS03	給料は同僚と比べて適当だと思う	.117	−.033	**.546**	.067
SUPER01	私と上司との関係は良いと思う	.019	−.057	.038	**.909**
SUPER02	私と上司との間には信頼関係が成り立っている	.001	.106	−.048	**.539**

因子間相関	I	II	III	IV
I		.45	.28	.43
II			.36	.44
III				.34

が妥当であることが判明した。そこで2因子を仮定し重み付けのない最小二乗法・Promax回転による因子分析を施したところ，GRWT05とGRWT06の2項目の因子負荷量が.4未満を示したためこれを分析から除外し，再度因子分析を施した。その結果，項目EXS03の因子負荷量が2因子にわたって.4以上を示したので，尺度の単純構造を保つためにこれを分析から除外して再度因子分析を行った。回転後の因子パターンを表3に示す。回転前の2因子で12項目の全分散の64.29%を説明している。

第1因子は「上司との関係に対する満足」「同僚との関係に対する満足」「成長欲求に対する満足」を測定する3つの下位尺度の10項目から構成されており「高次欲求満足」因子と因子間相関を命名した。

第2因子は「仕事の成果と給料は釣り合っていると思う」と「給料は私の年齢や業務内容に見合っていると思う」の「待遇に対する満足」を測定する下位尺度の2項目で構成されており「待遇に対する満足」因子と命名した。

内的整合性を検討するために各下位尺度のα係数を算出したところ，「高次欲求満足」でα=.84，「待遇に対する満足」でα=.75で十分な値を示した。

4.2　重回帰分析の結果

今回作成されたQWLSCLの韓国語版と中国語版の基準関連妥当性を検討するために韓国データと中国データに因子分析を施し得られた因子得点を独立変数とし「全体的職務満足」と関連があるか重回帰分析を行った。

韓国データについては，「待遇に対する満足」因子得点を除くその他の3因子全てが「全体的職務満足」に対して有意に影響していることが示された（表4）。「成長欲求に対する満足」（β=.378, p<.01），「上司との関係に対する満足」（β=.318, p<.001），「同僚との関係に対する満足」（β=.196, p<.05）の順に「全体的職務満足」に影響していた。モデルの決定係数R^2は.429であった。

表3　中国データの因子分析結果（Promax 回転後の因子パターン）

		I	II
CLLG01	私と同僚との関係は良いと思う	**.892**	−.100
CLLG04	職場の人間関係は良いと思う	**.859**	−.082
CLLG03	同僚は仕事のうえで協力的であると思う	**.858**	−.125
CLLG02	私と同僚との間には信頼関係が成り立っている	**.807**	−.014
GRWT04	私はこの仕事を通じて人間的に成長していると思う	**.721**	.007
GRWT02	この仕事は「やり甲斐のある仕事」だと思う	**.661**	.070
GRWT03	この仕事は私の信念・信条にかなうものである	**.644**	.093
SUPER02	私と上司との間には信頼関係が成り立っている	**.603**	.146
SUPER01	私と上司との関係は良いと思う	**.569**	.248
EXS04	職場の福利厚生は適切だと思う	**.442**	.321
EXS02	仕事の成果と給料は釣り合っていると思う	−.054	**.949**
EXS01	給料は私の年齢や業務内容に見合っていると思う	−.017	**.820**

因子間相関	I	II
I		.51

表4　全体的職務満足項目への重回帰分析の結果（韓国データ）

独立変数（因子得点）	全体的職務満足	同僚	成長	待遇	β
同僚との関係に対する満足	.458				.196*
成長欲求に対する満足	.589	.505			.378**
待遇に対する満足	.355	.301	.383		.080
上司との関係に対する満足	.504	.454	.482	.386	.318***

$R^2=.429$
Adjusted $R^2=.416$
R=.651
F値=31.23***

* p>.05, ** p>.01, *** p>.001

　中国データについては，「高次欲求満足」と「給与に対する満足」の双方とも「全体的職務満足」に対して有意に影響していることが示された（表5）。「高次欲求満足」（β=.689, p<.001），「給与に対する満足」（β=.092, p<.05）の順に「全体的職務満足」に影響していた。モデル決定係数 R^2 は .552 であった。

表5　全体的職務満足への重回帰分析の結果（中国データ）

独立変数	全体的職務満足	高次欲求満足	β
総合的満足	.739		
待　　遇	.472	.553	.689******
			.092*

$R^2=.552$
Adjusted $R^2=.550$
R=.743
F値=237.443***

* p>.05, ** p>.01, *** p>.001

第5節　考察

　因子分析の結果，QWLの構造は韓国で4因子構造，中国では2因子構造であることが示された。

　韓国については仮説モデル（日本人モデル）と同様の4因子構造が確認された。項目EXS04「職場の福利厚生は適切だと思う」が十分な因子負荷量が示さなかったことを除き他の14項目全ては仮定された各因子に収束し因子間の弁別性も確認された。また，各下位尺度の信頼性も確認され，これらのことから韓国語版QWLSCLは韓国の施設職員のQWLを測定すると考えられる。

　ただし，日本の施設職員と韓国の施設職員のQWL構造の等質性が認められたわけではない。両国の施設職員のQWL構造が等質であるためには，各項目の因子負荷量の等質性，各因子の全項目の全分散への寄与率の等質性，因子間の相関の等質性を検討する必要がある。あるいは，共分散構造分析による多母集団同時分析を行い因子構造の等質性を確認することもできる。

　重回帰分析の結果は両国の施設職員のQWL構造の等質性を否定している。日本の施設職員については「待遇に対する満足」「同僚との関係に対する満足」「上司との関係に対する満足」，そして「成長欲求に対する満足」の4因子が「全体的職務満足」に有意に影響していることが示されている（LEE 2003）。しかしながら，韓国の施設職員については「待遇に対する満足」は「全体的職務満足」には影響していなかった。QWLと全体的職務満足に関連があるとする立場に立つならば，これは韓国の施設職員のQWLにおいて「待遇に対する満足」は冗長な領域であると考えることができる。ただし，Maslow（1943, 1954）の欲求階層説やAlderfer（1969）のERG理論が欲求間に階層を認めているように，給与・福利厚生といった待遇への欲求と職場の人間関係欲求や成長欲求との間に階層性が存在している可能性も否定できない。「待遇に対する満足」が「全体的職務満足」に直接的に影響していなくとも，「同僚との関係に対する満足」「上司との関係に対する満足」「成長欲求に対する満足」の3領域に影響を与え，そ

れら3領域が「全体的職務満足」に影響するという因果関係を考えることもできる。今後，日本の施設職員についても領域間の因果関係を検討し韓国の施設職員との差異が見出せるか検討する必要がある。

　一方，中国の施設職員では仮説モデルとは大きく異なり2因子構造が確認された。分析の過程で因子負荷量が低いGRWT05とGRWT06の2項目，そして，因子負荷量が2因子にわたって.4以上を示し因子モデルの単純構造を損なったEXS03，以上3項目が除外された。

　「待遇に対する満足」因子に収束したEXS02とEXS01の2項目が同一因子に収束したものの，他の10項目は仮定された因子ごとではなく1因子に収束した。因子ごとの尺度の信頼性は確認され，また，重回帰分析の結果，2因子ともに「全体的職務満足」に有意に影響していることから中国の施設職員のQWLは2因子構造である可能性が示された。これは日本の施設職員および韓国の施設職員と中国の施設職員のQWL構造が大きく異なることを示している。

　このような違いをもたらす要因として考えられるのは，日本と韓国のデータは民間施設に勤める職員からであるのに対して，中国のデータは公的施設で働く職員すなわち公務員からのものであること，そして，中国の介護老人福祉施設の利用者が比較的裕福層に属することがあげられる。これらが中国と日本・韓国の職務意識に差異をもたらしている可能性は肯定も否定もできない。今後，3カ国の施設職員の職場環境・就業状況を詳細に比較検討し，職務意識への影響を検証する必要がある。

第6節　結語

　本研究では，先行研究によって示された日本の介護老人福祉施設で働く職員の職務満足構造を仮説モデルとし，その仮説モデルが韓国・中国の職員にも適用可能か否かを検討した。

　一連のデータ分析の結果，仮説モデルは韓国の職員に適応可能とみえる証拠を得たが，中国の職員についてはそうはならなかった。

今回の結果から，日本・韓国・中国の介護老人施設職員の職務満足構造の実体を捉えられたとはいえない。今後，翻訳尺度の必要な改訂を行ったうえで大規模標本調査を行う必要がある。また，データ分析法においても探索的因子分析ではなく共分散構造分析による検証的因子分析と多母集団同時分析により精緻な検討を行う必要があろう。ただその一方で今回，QWLSCLの韓国語・中国語版が各国職員の職務満足周辺の構成概念を測定していること，そして各下位尺度の信頼性がそれぞれ確認されたことは意義深いといえる。

冒頭でも言及したが，日本と韓国が経験している介護サービス領域の人材難の解消には，マクロ的な制度設計の見直しが必要である。しかし，施設の側にも職員らがどのようなニーズを持ち，何に充足しあるいは欠乏しているのか把握し，そこで明らかになった問題は運営方法の工夫・転換で解消されるものであるのか否かを検討・実施するというような人的資源管理への積極的な取り組みが求められる。

そして，人的資源管理において職務満足測定尺度は最も基本的情報収集ツールの一つであり，今後アジア各国で介護サービスに従事する職員の職務満足測定尺度の開発が急がれる。本研究で示された知見がそれら尺度開発に生かされるならば，筆者らにとって望外の喜びである。

【引用文献】

Alderfer, C.P. (1972) Existence, Relatedness, Growth, Free Press.

Alderfer, C.P., Kaplan, R.E. and Smith, K.K. (1974) The effect of variations in relatedness need satisfaction on relatedness desires. Administrative Science Quarterly, 19(4), 507-532.

JICA 国際協力総合研修所 (2006)『開発途上国の高齢化を見据えて——新しい支援・協力への視座』JICA 国際協力総合研修所。

Lee, J.W. (2003)「高齢者福祉施設スタッフの QWL 測定尺度の開発」『社会福祉学』44 (1)。

Maslow, A.H. (1954) Motivation and Personality, Harper.

Maslow, A.H. (1943) A theory of human motivation, Psychological-Review, 50, 370-396.

増田雅暢 (2007)「韓国の介護保険の成立と今後の課題」『週刊社会保障』2429。

中野隆之・福渡靖 (2002)「介護スタッフの職務満足と生活満足——高齢者保健・福祉施設を中心に」『日本保健福祉学会誌』8, 7-19。

中野隆之・福渡靖 (2001)「保健福祉施設における人的資源としての介護職員に関する研究」『日本公衆衛生雑誌』48(12), 938-948。

中野隆之・福渡靖 (2000)「介護職員の職務満足と生活満足——高齢者保健・福祉施設を中心に」『日本保健福祉学会誌』6(2), 7-19。

中澤克佳 (2006)「介護格差と高齢者の地域間移動」KUMQRP DISCUSSION PAPER SERIES 慶應義塾大学。

OECD (2006). OECD Factbook 2006: Economic, Environmental and Social Statistics.

冷水豊・浅野仁 (1985)「全般的仕事満足の構造と要因分析」『社会老年学』22, 26-41。

Smith, P. C., Kendall, L. M., & Hulin, C. L. (1969) The measurement of satisfaction in work and retirement, Rand McNally.

東條光雅・前田大作 (1985)「次元別仕事満足度の要因分析」『社会老年学』22, 3-14。

Watanabe, Ritsuko and Ryosho, Natsuko (2005) Effect of Age on Job Satisfaction and Intention to Turnover among Female Nursing Home

Care Workers, Journal of policy studies, 19, 75-89.

渡部律子・澤田有希子・月田奈美（2003）「高齢者福祉施設職員の職務意識：公的介護保険の影響，ソーシャルサポート，職務満足，ストレスを中心にして」Working papers series, Working Paper, 29, 1-72, Kwansei Gakuin University.

渡部律子・澤田有希子・設楽英美・月田奈美（2002）「老人福祉施設職員の職務意識に関する研究（1）：特別養護老人ホーム職員の持つ資格と職務意識との関係――看護士，介護福祉士，ホームヘルパー，間に見られる職務満足度と公的介護保険導入後の変化に対する意識の違い」Working papers series, Working Paper, 24, 1-38, Kwansei Gakuin University.

全国老人施設協議会（2007）『特別養護老人ホームにおける「介護職員の業務に関する意識調査」報告書』全国老人施設協議会。

謝　辞

　筆者がソーシャルワーカーや社会福祉事業従事者の組織行動に興味をもちはじめたのは，米国 Washington University の修士プログラムに在籍した際，実習先でご指導いただいたスーパーバイザーとの出会いにまで遡る。自ら相当額の助成金をミズーリ州から獲得し，女性と子どものホームレスに特化したシェルターを一人で立ち上げ，彼らのために日夜奮闘する彼女の姿に，筆者を含め多くの実習生が彼女と自分達の目標とするソーシャルワーカー像を重ね合わせていた。

　ところが，筆者が実習を終えるほぼ同時期に彼女は，ソーシャルワーカーとしての働きを暫く休止することを宣言したのである。スタッフならびにクライエントに惜しまれながら，「肉体的にも精神的にも休養が必要なの」との言葉を残し，彼女はシェルターを後にした。

　このような話は決して珍しいものではなく，ソーシャルワーカーをはじめ多くのヒューマンサービスワーカーが「燃え尽き」てしまい，次々と職場を去っている。

　それからというもの，洋の東西を問わず先行研究をできるだけかき集めようと努めた。しかしながら，利用者に直接サービスを提供するワーカーの資質や適性に関する"こうあれば論"に比べ，ワーカーたちが自らの能力を最大限に発揮させる条件や要因に関する解明はさほど進んでいないように思われた。おそらく，研究者サイドに，ワーカーの健全な職業生活の確立が結果的に"利用者の支援"に還元されていくという視点が希薄なのではなかろうかと思えてきてならなかったのである。

　以来，高齢社会を迎えた日本において，重要な人的資源で高齢者福祉施設のケアワーカーに焦点を絞り，彼らの QWL について考えてきた。それに対する筆者なりの結論をまとめようと本論文を関西学院大学大学院社会学研究科に入学以来，今日まで執筆してきた次第である。

　本論文の完成は多くの方々の支援による賜物である。

　大学院指導教授の浅野仁教授（現：関西福祉科学大学大学院教授）は早

くから日本でも数少ないケアワーカーの職務満足に関して重要な研究を行ってきた研究者であり，本論文の執筆にあたっては文献資料の提供から細部にわたる助言と指導をいただいた。心より感謝の意を表したい。

　副査の芝野松次郎教授，渡辺律子教授にもそれぞれの立場から有益の助言と指導をいただいた。お二人は拙い本研究に対して好意的な興味を示してくださり，本論文の執筆の間，励ましと激励を幾度となくくださった。

　また，大学院入学以来，（故）荒川義子教授，（故）高田眞治教授，芝野松次郎教授には今日にいたるまで，公私に亘り筆者を温かく見守り励ましていただいた。荒川教授と高田教授は昇天されたが，お二人の生前の研究者・教育者としてのお姿は，筆者の目指すべき指針となっている。

　調査当時，大学院生でしかなかった筆者の調査依頼を快諾して頂いた共同の苑の吉岡正勝元理事長と協力施設の施設長の方々や実際にアンケート調査に回答してくれたワーカーの方々に感謝申し上げたい。

　私事ではあるが，決して裕福でないなか惜しむことなく筆者に教育を施してくれた父，李 光と母，趙 錫鋌，そして兄の李 政祐。筆者以上に博士論文の完成を気にかけ励ましてくれた妻の両親，故藤井昭治と藤井歌子，そして義理の妹，藤井理恵とその夫，森本浩之，二人の愛娘，優美。

　本書はこうした多くの方々のお力添えの賜物であり，本論文をこうした人々に捧げ，深く感謝の意を表したい。

　また，本書を関西学院大学研究叢書として刊行させて頂いたことに対して，関西学院に厚く感謝申し上げたい。さらに，本研究の一部であるQWL測定尺度の開発研究については，損保ジャパン記念財団より「第6回損保ジャパン記念財団賞」をいただいた。当時，駆け出しの研究者であった著者の大きな励みになった。損保ジャパン記念財団，そして賞の審査員の皆様にお礼申し上げたい。

　そして最後に，筆者をいつも励まし，勇気づけてくれた妻，藤井美和に「ありがとう」のことばを送りたい。

筆者記す

索　引

人名索引

Ajamieh, A.R.A.　34, 38
Alderfer, Clayton P.　15, 23, 26, 27, 29, 36, 38, 75, 76, 82, 93, 99, 139, 173, 181, 184
Boey, K.W.　33, 35, 38
Delamotte,Y.　21, 38
Francis-Felsen, L.C.　34, 38
Germain, C.B.　57, 71
Gibson, J.J.　52, 62, 69, 71
Gitterman, A.　57, 71
Gyllenpalm, B.　164-166, 168
Herzberg, F.　15, 23, 26, 29, 34, 39, 76, 99
Hoppock, R.　20, 39
Hutchinson,　55, 58, 71
Jansen, P.G.M.　34, 39
Kiyak, H.A.　33, 34, 39, 159, 168
Lee, J.W.　31, 40, 100, 172-174, 184
Libnitz, G.W.　63
Lum, L.　35, 39
Maslow, A.H.　15, 23-25, 27, 28, 33, 34, 36, 39, 75, 76, 99, 139, 173, 181, 184
Mayo, E.　20, 39
Mclleland　15, 23, 25, 29
Munro, L.　35, 39
Nagel, Thomas　61, 63, 71
Newman, J.E.　34, 40
Popper, K.R.　54, 72
Root, R.B.　58, 72, 87
Stamps, P.L.　33-35, 41
Takezawa, S.　21, 38
Taylor, F.W.　20, 41, 71
Waxman, H.M.　34, 41
浅野　仁　30, 33, 35, 100, 135, 172, 173, 184, 187
奥林康司　21, 40
小野公一　20, 31, 33, 35, 40, 88, 100

久保真人　83, 111
冷水　豊　30, 33, 35, 100, 135, 164, 168, 172, 173, 184
田尾雅夫　83, 111
東條光雅　30, 33, 35, 41, 100, 172, 173, 184
中野隆之　30, 33, 35, 40, 88, 100, 135, 172, 173, 184
福渡　靖　30, 33, 35, 40, 88, 100, 135, 172, 173, 184
堀之内高久　159, 163, 168
前田大作　30, 33, 35, 41, 100, 172, 173, 184
村杉　健　40, 76, 99, 149, 150, 168

事項索引

A-Z

CFI（Comparative Fit Index）　87, 108-111, 122-126, 138, 139
ERG理論（E.R.G. theory）　15, 23, 26-29, 36, 75, 76, 82, 89, 93, 130, 136, 139, 140, 173, 181
GIF（Goodness of Fit）　87
JDI（Job Descriptive Index）　33-36, 40, 100, 173
Maslowの欲求階層理論（Maslow's hierarchy of needs）　15, 23, 36, 75
MCMC法（Markov Chain Monte Carlo method）　91, 94
MSQ（Minnesota Satisfaction Questionnaire）　33, 34
RMSEA（Root Mean Square Error of Approximation）　87, 108-111, 122-126, 138, 139
t検定（t-test）　80, 153, 154

ア

アフォーダンス（affordance）　52, 62, 69
エルゴード的（ergodicity）　96
オッカムの剃刀（Occam's razor）　75, 76, 95, 100

190

索　引

カ

χ^2 検定（Chi-square test）　87, 93, 117
ギルド（guild）　1, 15, 43, 52, 55, 58-61, 64-68, 70, 77, 78, 89-94, 116-134, 137-144, 159-161, 163
ギルド空間（guild space）　59, 60, 62, 64, 65, 70
クォリア（qualia）　48, 49
クォリティー・オブ・ワークライフ（Quality of Work Life：QWL）　21, 37
クラスター分析（cluster analysis）　4
クローズドエンデッド（closed-ended）　4
ケアワーカー（care workers）　1, 3, 13-16, 22, 30-33, 77, 78, 89, 93, 117, 141, 142, 149, 150, 155, 158-163, 165, 166, 187, 188

サ

システム（system）　44, 46-49, 171
スバル保険制度　171
ソーシャルワーク（Social Work）　3-5, 52, 57, 58, 156

ナ

ニッチ（niche）　52, 55-58, 60, 62, 63, 66

ハ

バイオサイコソーシャル（biopsychosocial）　3
バーンアウト（burnout）　14, 83, 84, 88, 111, 112, 135, 143, 149, 155, 163
　　　└──「燃え尽き症候群」も参照のこと
パッチ移動（between-path movement）　47
パッチ状環境（patch）　44-46
ヒューマンニッチ（human niche）　57
ベータ関数（beta function）　96
ポリコリック相関行列（polychoric correlation matrix）　86

191

マ

モナドロジー（Monadologie）　63, 64
モラール（morale）　14, 40, 99
モラールサーベイ（morale survey）　149, 168

ラ

ライフサイクル（life cycle）　21

あ

愛情欲求（love and belongings）　23-25, 29, 30, 173
安全欲求（safety needs）　23-25, 27, 29, 30, 173
1因子モデル（one factor model）　86-88, 107, 108, 111, 121, 122, 124, 125
意味空間（semantic space）　59, 61-63, 65
因子分析（factor analysis）　25, 36, 50, 83, 86, 87, 95, 107-111, 121-126, 135, 138, 142, 173, 174, 176, 178, 179, 181, 183
衛生要因（hygiene factor）　26
重み付き最小二乗法（weighted lease square method）　86

か

介護保険制度（the long-term care insurance system）　105, 161, 166, 171
階層ベイズ回帰モデル（hierarchical Bayesian regression）　132, 133, 143
環境（environment）　3, 4, 21-24, 27, 29, 37, 43-48, 50-52, 54-62, 64, 68, 69, 77, 80, 82, 85, 88, 89, 93, 102, 107, 117, 149, 150, 157-161, 182
環境における適合度（environmental fit）　44
関係欲求（relatedness）　26, 27, 29, 76, 77, 80, 82, 89, 93, 117, 119, 128, 130, 132, 136, 137, 140-143, 173, 181
観察者（observer）　44, 48, 50-52, 54, 59, 60, 64
環世界（Unwel）　61, 62
観測変数（observed variable）　77, 85, 86, 88, 111, 124
技術的手腕（technical skill）　156
基本ニッチ（fundamental niche）　55, 56, 58

索 引

客観的環境（objective environment）　48, 50, 52
強制的なニッチ（forced niche）　58
欠勤（absenteeism）　14, 20, 33, 48, 155, 172
検証的因子分析（confirmatory matrix）　36, 86, 87, 107-111, 121, 122, 124, 125, 135, 138, 142, 143, 173
権力欲求（power）　25, 26
構成概念（construct）　36, 43, 50, 53, 77, 85, 87, 109, 124, 135, 142, 143, 173, 183
構造方程式モデリング（structural equation modeling）　36, 91, 100, 107, 138, 140, 142
高齢者社会福祉施設　3, 13-15, 163, 166, 167
心の哲学（philosophy of mind）　3, 5

さ

産業心理学（industrial psychology）　3
資源（resources）　21, 23, 32, 33, 37, 43-47, 50-62, 64-66, 68, 70, 80, 82, 85, 89, 90, 93, 137, 163, 166, 172, 173, 183, 184, 187
思考的熟練（conceptual skill）　156
自己実現欲求（self-actualization）　23, 24, 27, 29, 30, 173
事後分布（posterior distribution）　96, 97
事前分布（prior distribution）　91, 96, 98
自尊欲求（esteem）　23, 24, 27, 30
実現ニッチ（realized niche）　56, 58
実践科学（practical science）　3, 5
質的研究法（qualitative research method）　4
写像（mapping）　69
主因子法（Principal Factor Method）　111
集合論（set theory）　5, 15, 43, 137
主観的評価（subjective evaluation）　4, 64
主体的環境（subjective environment）　44
主体の環境（Umgebung）　44
情緒的ウェルビーイング（emotional well-being）　19, 22
情緒的消耗感（emotional exhaustion）　83, 88, 111-113, 135
職場継続（retention）　14, 149, 155
職場継続意向（intent to stay）　78, 82, 83, 88, 91, 93, 94, 111, 114-116, 127, 128, 130, 132, 134-137, 139-143
職務満足（job satisfaction）　3, 4, 14, 15, 19, 20, 22, 23, 26, 28-37, 40, 41, 43, 48, 49, 75, 76, 78, 82, 83, 88, 91, 93-95, 100, 107, 111, 113-115, 127, 128-132, 135-137, 139, 140,

193

142, 143, 150, 152, 153, 169, 172-174, 176, 178, 180-185, 188
所属欲求（affiliation）　25-27
人材マネジメント（human resource management）　14-16, 19-21, 37, 149, 158, 160-163, 166, 167
人的熟練（human skill）　156-158
信用区間（credibility interval）　119, 132, 134, 137
信頼性（reliability）　32, 36, 64, 85, 86, 88, 91, 107, 111, 113, 121, 135, 173, 181-183
信頼性係数（coefficient of reliability）　111, 113, 173
生活の質（Quality of Life: QOL）　3, 15, 21, 23, 37, 164, 166
正規分布（normal distribution）　4, 98
棲息地（habitat）　52, 62
生態学（ecology）　3, 5, 15, 43, 50, 52, 55, 56, 58, 66, 67, 71, 72, 137
成長欲求（growth）　26, 27, 29, 76, 77, 80, 82, 89, 93, 116, 119, 130, 136, 137, 140-142, 173, 176, 178, 180, 181
生理的欲求（physiological needs）　23-25, 27, 29, 30, 173
漸近的共分散行列（asymptotic covariance matrix）　86
潜在変数（latent variable）　77, 85, 107, 124
全体の職務満足（overall job satisfaction）　22, 31-35, 78, 82, 83, 88, 91, 93-95, 111, 113-115, 127-132, 135-137, 139, 140, 142, 143, 173, 176, 178, 180-182
測定尺度（measurement scale）　15, 16, 20, 29, 33, 34, 36, 80, 87, 111, 135, 173-175, 183, 184
組織行動（organizational behavior）　3, 14, 15, 20, 22, 23, 26, 40, 47, 48, 137, 149, 155, 166, 172, 187
存在欲求（existence）　26, 27, 29, 76, 80, 82, 89, 93, 116, 119, 128, 130, 136, 137, 140-143, 173

た

脱人格化（depersonalization）　83, 88, 111-113, 135
達成感（accomplishment）　88, 111-113, 135
達成動機理論（achievement motivation theory）　15, 23, 29, 76
達成欲求（achievement）　25
妥当性（validity）　25, 26, 32, 36, 64, 85-88, 91, 95, 107, 109, 111, 113, 121, 135, 136, 142, 143, 173, 176, 178
多様性（diversity）　3-5, 15, 17, 43, 52-55, 58, 59, 64, 66-68, 70, 73, 77, 78, 91, 93, 107, 116, 137, 138, 149, 158, 159
単位行列（unit matrix）　65

索　引

単一項目尺度（single item scale）　33, 95, 111, 135, 136
単位ベクトル（unit vector）　59, 62, 64-66
知覚（sensory perception）　44, 46, 48-50, 52, 56, 59, 61-63, 70, 77, 157, 158
知覚世界（Merkwelt）　62
統計解析（statistical analysis）　4, 5, 43, 91, 141

な

内積（inner product）　66
内容理論（content theories）　23
二項分布（binominal distribution）　91, 95, 96
二項 – ベータ階層ベイズモデル（beta-binominal Bayesian hierarchal model）　91, 94, 137
2次因子モデル（second order factor model）　36, 77, 85, 87, 93, 94, 108-110, 113, 121, 123, 124, 126, 135, 138, 142, 173
2要因理論（Motivator-Hygiene theory）　15, 23, 26, 29, 76

は

破壊的ニッチ（destructive niche）　57
分散分析（analysis of variance）　80, 114, 115, 128, 130, 153, 154
べき集合（power set）　59, 69, 137, 138, 144
母集団（population）　4, 53, 54, 67, 68, 77, 90, 144, 181, 183

ま

満足要因（motivator）　26
燃え尽き症候群（burnout）　78, 113, 142
　└──「バーンアウト」も参照のこと

や

要介護高齢者（the elderly in need of nursing care）　13, 16, 171
欲求理論群（need satisfaction theories）　23, 37, 173

195

ら

離職（turnover） 14, 20, 39, 47, 95, 155, 158, 159, 171, 172
領域別職務満足（facet job satisfaction） 22, 31-36, 95, 107, 114, 135, 136, 150, 152, 153, 173
量的研究法（quantitative research method） 4
臨界事象法（critical incident method） 26, 76
労働意欲（vocational commitment） 14
労働の人間化（humanization of work） 15, 21, 22, 37, 40, 158, 159, 161, 166

初出一覧

第1章〜第2章 「高齢者福祉施設スタッフのQWL測定尺度の開発」『社会福祉学』44号1巻,2003年。

第3章 「主観的QOLの多様性——ギルド理論の構築とその可能性を探る」『社会福祉学』43号1巻,2002年。
「病院におけるソーシャルワークサービスに対する満足度——生態学のニッチ概念を援用して」『医療社会福祉研究』10号,2001年。

第4章〜第5章 『高齢者福祉施設ワーカーのQWLとその多様性の解明——ギルド理論による実証的研究』関西学院大学(博士学位請求論文),2004年。

補章 「東アジア(日本・中国・韓国)における高齢者ケアに関する調査研究——日本・中国・韓国職員の職務満足構造の等質性の検討」『関西学院大学社会学部紀要』105号,2007年。

著者略歴

李　政元（リー ジョンウォン）

1971 年　大韓民国ソウル特別市に生まれる
1998 年　Washington University　ソーシャルワーク大学院修士課程修了 M.S.W.
2004 年　関西学院大学大学院社会学研究科博士課程後期課程修了（社会福祉学博士）
現　在　関西学院大学総合政策学部准教授

関西学院大学研究叢書　第 142 編

ケアワーカーの QWL とその多様性
　ギルド理論による実証的研究

2011 年 3 月 31 日初版第一刷発行

著　者　李　政元

発行者　宮原浩二郎
発行所　関西学院大学出版会
所在地　〒 662-0891
　　　　兵庫県西宮市上ケ原一番町 1-155
電　話　0798-53-7002

印　刷　協和印刷株式会社

©2011 Lee Jung Won
Printed in Japan by Kwansei Gakuin University Press
ISBN 978-4-86283-088-3
乱丁・落丁本はお取り替えいたします。
本書の全部または一部を無断で複写・複製することを禁じます。
http://www.kwansei.ac.jp/press